存款货币的权利构造研究

Research on
the Rights Construction of
Deposit Currency

周敏敏

著

中国社会科学出版社

图书在版编目（CIP）数据

存款货币的权利构造研究 / 周敏敏著. -- 北京：
中国社会科学出版社，2025. 2. -- ISBN 978-7-5227
-4712-5

Ⅰ. F820.4

中国国家版本馆 CIP 数据核字第 2025039CD8 号

出 版 人	赵剑英
责任编辑	许　琳
责任校对	苏　颖
责任印制	郝美娜

出　　版	中国社会科学出版社
社　　址	北京鼓楼西大街甲 158 号
邮　　编	100720
网　　址	http://www.csspw.cn
发 行 部	010-84083685
门 市 部	010-84029450
经　　销	新华书店及其他书店

印　　刷	北京君升印刷有限公司
装　　订	廊坊市广阳区广增装订厂
版　　次	2025 年 2 月第 1 版
印　　次	2025 年 2 月第 1 次印刷

开　　本	710×1000　1/16
印　　张	13.5
插　　页	2
字　　数	170 千字
定　　价	78.00 元

序　言

　　货币的权利归属与变动规则，是民法中的重要问题。在占有人无权占有货币的情况下，原权利人是否享有原物返还请求权，以及能否对抗货币占有人的破产债权人和强制执行申请人的问题，在理论与实务中一直存在争议。尤其是随着网络电子支付和结算手段的普遍应用，基于存款货币流转而产生的纠纷层出不穷。由于银行这一主体的加入，使存款货币的流转规则问题变得更为复杂。要对这些问题做出融贯解释，需得直面存款货币的法律属性及权利归属。

　　首先，本书从货币的经济学本质和法律属性入手，对货币是一般等价物、特殊动产的观点进行分析和解构，进而在物债二分视野下，提出货币是以国家信用为基础的、物化的债权的主张，以此统筹现金货币、存款货币和数字货币概念。其次，对存款人债权通说进行反思，考察了错误汇款、借用账户、盗刷银行卡、偷换二维码等类型案件中存款人债权说面临的体系性矛盾，并对该说的理论依据"占有即所有"规则和现实依据银行"存短贷长"的盈利机制，展开多维检讨。最后，在论证存款货币物权构造的占有构成基础上，引入"相对所有权"作为分析工具，阐释存款货币物权构造的物权效果。

　　本书是论证存款人物权说的一种新尝试。存款货币的属性及流转规则，是民法基础问题中殊相、共相兼备的难题。本书的鲜明特点，是将上述问题纳入物债二分框架下展开分析，在解构存款人债权通说的基础上，引入相对所有权概念作为绝对所有权的补充，对存款人物权说进行理论证成，既有对理论的重构，也有对存款货币适用"占有即所有"规则等实践问题的反思和回应。虽然相对所有权理论并不为大众所熟知，但其在很多问题上的解释力不容小觑。尤其在存款货币的权利构造问题上，难以解释存款人和银行对存款货币的占有和利用状态，是存款人物权说不被支持的重要原因，本书的研究则提供了一种可能的理论方案。

本书作者周敏敏是我的学生，她曾在审判一线工作多年，对理论与实践、事实与规范的交融问题有着长时间的观察和思考，"存款货币的权利构造"这一选题，就是围绕审判实践与理论研究如何更好地相互照应而展开的。2020年，周敏敏考入吉林大学法学院，跟随我攻读博士学位。但从实践到理论研究的转型并不容易，需要付出艰辛的努力。我很高兴看到她的长期思考付梓成书，也希望她能够在相关问题上继续深耕，早日成长为一名优秀的法学研究者。

房绍坤

2024 年 6 月

目　录
CONTENTS

绪　论 ……………………………………………………… （001）

第一章　货币"占有即所有"规则的考察 ……………… （020）
　　第一节　货币的起源、本质及法律属性 …………… （021）
　　第二节　货币"占有即所有"规则的适用范围 …… （045）
　　第三节　存款货币"占有即所有"的实践难题 …… （056）

第二章　存款货币债权构造的多维检讨 ………………… （076）
　　第一节　基于银行资产负债结构的考察 …………… （077）
　　第二节　基于存款合同内容的剖析 ………………… （083）
　　第三节　基于存款合同性质的反思 ………………… （099）

第三章　存款货币物权构造的占有构成 ………………… （109）
　　第一节　刑法上关于占有的讨论 …………………… （110）
　　第二节　民法上占有客体的扩张 …………………… （117）
　　第三节　存款货币的共同占有论 …………………… （136）

第四章 存款货币物权构造的物权效果 …………………（144）

　　第一节 作为分析工具的相对所有权 …………………（145）

　　第二节 银行对存款货币的支配所有权 …………………（165）

　　第三节 存款人对存款货币的归属所有权 …………（171）

结　语 ……………………………………………（185）

参考文献 ……………………………………………（188）

后　记 ……………………………………………（208）

绪　　论

一　前言

人们通常使用"存款"一词指代存入银行的现金、银行存款账户资金以及商业银行负债角度的存款。① 因此，存款货币其实是对银行（为行文便利，如无特殊说明，本书所称银行均指商业银行）存款货币的简称，当然，理论与实务也常将存款货币与账户资金混用。在金融领域，早期做法是把存款货币定义为"对银行的活期存款所签发的支票"，后来扩展到汇票、信用卡等信用工具，但由于支票、汇票数据难以收集，遂改用能转账结算的活期存款代替，而不流通的银行存款（如定期存款、被提现的存款）等则不属于存款货币之列。② 由于我国的定期存款可以随时转为活期存款，所以本书所指存款货币既包括可以实时用于转账结算的活期存款，也包括定期存款。

存款货币是物还是债、归谁所有？这个问题在法学界似已达成共识：存款人存到银行的现金货币属于物无疑，在存款人将其交付给银行时，依据货币"占有即所有"规则，货币所有权转移至银行，而存款人仅保有债权。不唯如此，有学者进一步指出，对存款人的

---

① 参见夏尊文《存款货币财产所有权研究》，《北方法学》2011 年第 5 期。
② 参见王素珍《关于货币层次划分及其作用的思考》，《金融研究》1996 年第 9 期。

存款债权也无赋予任何优先保护的必要，只要予以通常的保护即可。① 据此，存款货币的权利构造为债权构造，也即认为存款人对存款货币享有债权的学说（以下简称"存款人债权说"）。然而，法学界的理论"共识"不但与行业的官方表述存在冲突，而且也未消弭司法实践的困惑。

关于存款的概念，中国人民银行《存款统计分类及编码标准（试行）》的定义是："机构或个人在保留资金或货币所有权的条件下，以不可流通的存单或类似凭证为依据，确保名义本金不变并暂时让渡或接受资金使用权所形成的债权或债务。"虽然该定义偏向事实性描述而非学理界定，但从中可以看出，中国人民银行认为存款具有货币所有权不变、暂时让渡资金使用权、存款凭证不可流通等基本要素。同样，在中国人民银行公布的《非银行支付机构网络支付业务管理办法》第七条中，也有账户内货币资金"所有权归属于客户"的表述。② 不唯如此，《刑法》也将"储蓄"与房屋等其他财产并列保护，《储蓄管理条例》第五条更是直接使用了"国家保护个人合法储蓄存款的所有权"的表达。

对此，存款人债权说的解释是：存款货币本质上是存款人对银行享有的债权，资金"所有权"的表述仅仅是债权归属意义上的"所有"，而非物权意义上的"所有"。③ 然而，此种解释既偏离了上述规定的文义，也与生活惯常语境不符。对此，孟勤国教授直言："除了银行和一些民法学者，谁将自己的银行存款看成是一种

---

① 参见陈承堂《存款所有权归属的债法重述》，《法学》2016年第6期。

② 该条规定："支付账户所记录的资金余额……实质为客户委托支付机构保管的、所有权归属于客户的预付价值。该预付价值对应的货币资金虽然属于客户，但不以客户本人名义存放在银行，而是以支付机构名义存放在银行，并且由支付机构向银行发起资金调拨指令。"

③ 参见朱晓喆《存款货币的权利归属与返还请求权——反思民法上货币"占有即所有"法则的司法运用》，《法学研究》2018年第2期。

债权?"① 事实也确实如此，在日常生活中，当人们把钱存入银行时，通常不会认为货币的所有权发生了改变，或者说存款人缺乏移转货币所有权的意思。在英美法系，人们也普遍将"银行余额"视为权利人所"拥有"的"货币"而非对银行的"信用请求权"。② 但此种日常理解要获得法律上的融贯解释亦是难题，这也是存款人债权说流行的原因之所在。

然而，作为通说的存款人债权说在司法实践中存在解释上的诸多困境。近年来，随着网络电子支付和结算手段的兴起，存款货币大有取代现金货币之势，基于存款货币流转而产生的纠纷也日益增多。如在错误汇款情形下汇款人的权利保障、银行卡盗刷情形下的责任承担、银行"扣款抵债"行为的效力、保证金的性质等极具争议的现实问题中，都难以避开对存款货币权利构造的认定。对于作为"债权"的存款货币能否适用"占有即所有"规则，理论界也存在争议。司法实践中，法院往往笼统地加以引用，③ 但却无法自洽地解释在错误汇款人仅享有债权并且无转移债权合意的情况下，为何"依然产生移转款项实体权益之效果"。④ 在银行卡盗刷案件中，司法解释所采取的过错免责做法⑤与存款债权通说下银行"全有或全

---

①　孟勤国：《物权二元结构论——中国物权制度的理论重构》（修订版），法律出版社 2020 年版，第 35 页。

②　参见 [英] 西蒙·格里森《货币的法律概念》，张铮译，上海人民出版社 2022 年版，第 16 页。

③　据学者统计，以"错误汇款返还请求权能否排除强制执行"为例，样本中以"占有即所有"为由持否定观点的占比为 65.85%。参见司伟《错误汇款返还请求权排除强制执行的效力研究——基于裁判分歧的展开与分析》，《比较法研究》2022 年第 6 期。

④　除法律、司法解释明确规定的保证金账户质押等特殊情形外，仍应适用"占有即所有"原则，虽然误划款项至被执行人账户缺乏当事人真实意思表示，依然产生移转款项实体权益之效果，错误汇款人仅享有不当得利债权且不具有优先受偿性。参见最高人民法院民事审判第一庭编《民事审判指导与参考》2018 年第 3 辑，人民法院出版社 2018 年版，第 243 页。

⑤　《高人民法院关于审理银行卡民事纠纷案件若干问题的规定》第七条第三款规定："前两款情形，持卡人对银行卡、密码、验证码等身份识别信息、交易验证信息未尽妥善保管义务具有过错，发卡行主张持卡人承担相应责任的，人民法院应予支持。"

无"式的责任也不相同，为此深受理论界诟病。

此外，科技的发展对货币理论也带来新的挑战。在数字化时代的大变革下，资产数字化成为金融体系的大趋势，数字货币成为法定货币的另一种存在和流通形式。法定数字货币可脱离传统银行账户实现价值转移，像现金一样易于流通，使交易环节对银行账户的依赖程度大为降低。有学者提出，数字人民币直接归属于用户，持币人和银行之间并无债之关系。① 数字货币的出现促使我们对货币形态与货币本质的关系进行反思，存款货币与数字货币在形态、功能、流转等方面并无本质不同，为何在法律性质上不能保持一致？对此，《欧洲示范民法典草案》在阐述货币问题时，就表示"一开始就将银行账户中的货币和流通中的货币统一考虑并寻求一致的结果可能是更好的办法"。② 该立场值得深究。

总之，存款人债权说虽然在理论与实践中都获得了通说地位，但司法实践中的很多做法却难以通过债权说得到合理解释。尤其在非现金货币时代，如果对存款货币的流通套用债权规则，会有叠床架屋之累和捉襟见肘之嫌。存款人债权说的此种不足固然可以说源自物债二分的形式主义，但本质上也是受绝对所有权观念支配的结果。存款货币的法律属性及权利构造如何确定，对于存款机构的行为约束和存款人的权益保障具有重要意义。当前民法学界对存款货币在流转中出现的问题，大多以反思"占有即所有"规则为起点，以提出新的存款货币流转规则为终点，少有研究触及对存款人债权通说的检讨。本书围绕存款货币的权利构造这一核心问题而展开，尝试回答存款货币物权构造何以可能的问题。

---

① 参见冯洁语《论私法中数字货币的规范体系》，《政治与法律》2021 年第 7 期。
② 参见欧洲民法典研究组、欧盟现行私法研究组编著，［德］克里斯蒂安·冯·巴尔、［英］埃里克·克莱夫主编《欧洲私法的原则、定义与示范规则：欧洲示范民法典草案（全译本）》（第八卷），朱文龙、姜海峰、张程译，法律出版社 2014 年版，第 11—12 页。

二　学术史梳理

货币有商品货币和信用货币之分，前者由贵金属等具有价值的商品构成，如金币、银币；后者是由国家政府或银行信用担保的纸币、硬币、银行券等支付工具构成。商品货币具有商品价值和支付结算双重属性，而信用货币没有商品属性，仅具有支付结算和流通功能，只是一种价值符号的表征。① 本书所研究的信用货币主要是存款货币，有关存款货币权利构造的研究现状，可以从以下四个方面展开。

（一）货币的属性和权利变动规则

1. 关于现金货币的属性

学界关于现金货币的研究，存在经济学和法学两个层面。二者互相影响，研究趋势也趋于统一。

（1）经济学上关于货币性质的研究，与货币的发展阶段紧密关联。一般认为，货币的演进经历了实物货币、信用货币两个发展阶段，有学者进一步提出电子货币（法定货币的电子化）、数字货币的出现代表着货币进入后信用货币时代。②

在实物货币阶段，货币的本质被认为是作为一般等价物的商品，此种关于货币本质的认识被称为货币商品论。在信用货币阶段，货币商品论受到广泛批判，货币名目主义论兴起，对货币本质的认识主要有货币债权说、货币契约说、货币信用说。有关货币本质的商品论与信用论之争，贯穿着整个经济学历史，商品论是主流经济学的隐含立场，信用论则主要是非主流货币思想，但随着现代经济虚拟化和货币符号化的现实发展而逐渐得到更多认可。③

---

① 参见［德］西美尔《货币哲学》，陈戎女等译，华夏出版社 2002 年版，第 128 页。
② 参见杨依山、刘强《本质与形式：货币演化的逻辑》，《文史哲》2021 年第 5 期。
③ 参见谢志刚《货币的商品论与信用论之争及其演进》，《学术研究》2021 年第12 期。

（2）法学上关于货币属性的讨论，因对象为现金货币、存款货币而有不同。通说从现金货币具有有形的载体出发，将其界定为特殊动产，① 并且是具有高度替代性的种类物和消费物。② 少数意见穿透币材的局限，从经济学上货币信用论的视角出发，指出币材仅为映射国家信用的工具，现金货币与存款货币一样本质为信用债权，顶多可以归入"无体物"范畴。③ 易言之，信用货币所有权是一种典型的价值权，或者说"所有权客体价值化之极端即为货币"④。

2. 关于存款货币的法律属性及权利归属

总体而言，存款货币的法律属性，在我国学界经历了从物权通说到债权通说转变的过程。立法上，在 2004 年《宪法修正案》之前，《宪法》均将"储蓄"与房屋等其他财产并列保护。此外，《刑法》第九十二条、原《民法通则》第七十五条、原《继承法》第三条、原《物权法》第六十五条等亦有相同的规定，《储蓄管理条例》第五条更是直接使用了"国家保护个人合法储蓄存款的所有权"的表达，《中国人民银行关于执行〈储蓄管理条例〉的若干规定》第三条也规定"国家宪法保护个人合法储蓄存款的所有权不受侵犯"。上述规定被认为"从法律上确认存款人对存款享有所有权"。⑤ 因此，物权说一度处于通说地位。物权说认为，存款人将现金存入银

---

① 参见梁慧星、陈华彬《物权法》（第七版），法律出版社 2020 年版，第 266 页；杨立新、王竹《论货币的权利客体属性及其法律规制——以"一般等价物"理论为核心》，《中州学刊》2008 年第 4 期。

② 参见其木提《货币所有权归属及其流转规则——对"占有即所有"原则的质疑》，《法学》2009 年第 11 期。

③ 参见孙鹏《金钱"占有即所有"原理批判及权利流转规则之重塑》，《法学研究》2019 年第 5 期；张淞纶《财产法哲学：历史、现状与未来》，法律出版社 2016 年版，第 217 页。

④ 参见谢在全《民法物权论》（上册），中国政法大学出版社 2011 年版，第 6 页脚注。

⑤ 参见吴真《存款人权利研析》，《当代法学》2003 年第 2 期。

行，但仍然可以随意支取、使用存款，此种债权已经具有物权特征;① 存款人将货币存入银行仅使其财产从实物性财产利益转化为价值性财产利益，财产形态的转变并未导致所有权的转移;② 只要抛弃"物必有体"的传统观念，将存款货币视为无体物，存款人对自己名下的存款货币享有所有权就不再是一个问题。③

后来，受比较法的影响，学界关于存款货币法律性质的认识逐渐发生了转向。更多学者认为，"无论大陆法系还是英美法系，存款人对账户资金享有债权是普遍认识"。④ 加之《商业银行法》第七十一条第二款规定，商业银行破产清算时对个人储蓄存款进行优先清偿，《存款保险条例》以存款保险而非取回权的形式保障存款人的权利，似乎表明存款人享有的是债权，债权说遂成为通说。该说认为，存款货币本质上是存款人在银行开立账户并存入款项而针对银行享有的债权，一般意义上使用存款货币归某人"所有"，仅是表明存款货币所表征的权利即债权的归属。⑤

存款人债权说的主要理由是，依动产物权变动规则或者"占有即所有"规则，存款货币应归银行所有，而非仅替存款人保管;⑥ 或透过"占有即所有"的表象，指出存款人享有自由取款权和银行享有货币所有权的深层次原因，乃是银行商业上"存短贷长"的负

---

① 参见李前伦《论银行账户资金的权利属性》，《大连海事大学学报（社会科学版）》2008 年第 1 期。

② 参见胡吕银《现代物权思维下对公司财产权利结构的新解析》，《法学》2012 年第 2 期；孟勤国《物权二元结构论——中国物权制度的理论重构》（修订版），法律出版社 2020 年版，第 35—42 页。

③ 参见夏尊文《存款货币财产所有权研究》，《北方法学》2011 年第 5 期。

④ 李前伦：《论银行账户资金的权利属性》，《大连海事大学学报（社会科学版）》2008 年第 1 期。

⑤ 参见朱晓喆《存款货币的权利归属与返还请求权——反思民法上货币"占有即所有"法则的司法运用》，《法学研究》2018 年第 2 期。

⑥ 参见曹新友《论存款所有权的归属》，《现代法学》2000 年第 2 期。

债结构。① 值得注意的是，即便主张存款人债权说的学者，也意识到此种"债权"具有不同于普通债权的特殊之处。②

还有少数学者提出了双重所有论和适用区分论。其中，双重所有论主张存款人和银行对存款货币享有双重所有权，只是权能各有侧重。③ 适用区分论则主张基于存款货币的不同用途，其权利属性当有不同。如当存款人以结算为目的时所有权不发生转移，而存款人以获取货币保值、增值为目的时所有权则转移至银行。④ 或者提取现金系存款人行使债权的体现，而直接用存款货币进行交易、结算则是行使所有权，此时银行的协助体现出存款人同时享有债权。⑤ 在存款人与开户行之外的交易主体之间，应将存款货币视为特殊动产进而准用动产规则；在存款人与开户行之间，仍然认为存款货币为债权。⑥

值得注意的是，经济学界认为存款人仍保留货币所有权的观点反而占了上风。如有学者认为，存款人对存款货币拥有所有权并能自由处置，只是暂时放弃使用权，银行得到存款货币使用权，但是它对商业银行的真正价值取决于客户对自己出让存款货币承诺履行的程度，包括出让存款货币的数额、出让时间的长短。⑦

以上观点的争鸣，体现了在货币问题上物权与债权区分的高度复杂化。对此，日本学者于保不二雄不无感慨地说道，金钱"不仅

---

① 参见陈承堂《存款所有权归属的债法重述》，《法学》2016 年第 6 期。
② 参见陈承堂《存款所有权归属的债法重述》，《法学》2016 年第 6 期。
③ 参见谢华宁、潘悦《以信托为鉴 重构存款所有权》，《黑龙江省政法管理干部学院学报》2005 年第 5 期；刘少军、王一轲《货币财产（权）论》，中国政法大学出版社2009 年版，第 133 页。
④ 参见周显志《论货币所有权》，《河北法学》2005 年第 9 期。
⑤ 参见夏尊文《存款货币财产所有权研究》，《北方法学》2011 年第 5 期。
⑥ 参见龙俊《民法典时代保证金的双重属性》，《法学杂志》2021 年第 4 期。
⑦ 参见张桥云、陈跃军《银行存款契约性质、微观结构与产品设计》，《金融研究》2009 年第 8 期。

将物权与债权获得了前所未有的高度统一，同时也将二者区别之界限愈益模糊。致使人们试图在学说上对二者加以区分已变得毫无意义及根本不可能"。① 孙宪忠教授则指出，虽然货币的法律本质是以国家特别认定的形式记载、确定并加以保护的债权，但就其形式而言，仍然是一种动产，在物权法上是一种特别动产。②

3. 关于货币"占有即所有"规则

虽然"占有即所有"规则缺乏明确的立法支持，但其作为货币的归属、流转规则，仍然被我国民法学界、实务界奉为圭臬。一般认为，货币"占有即所有"规则起源于德国学说，发展并确立于日本，后成为我国通说。③

（1）在德国法上，德国学者马克斯·卡塞尔提出了限制性的"占有即所有"说，认为该规则只适用于依法律行为转让货币所有权的情况，法律行为之外占有的变动（如盗窃、骗取等）并不当然导致货币所有权之转移。④ 与"限制性的占有即所有"说对占有人的限制相类似，还有物权性价值返还请求权说。该说认为，货币返还请求权的标的并非有体货币本身而是货币之价值，价值载体特定性的丧失并不必然导致价值特定性的丧失。⑤

经川岛武宜、末川博等民法学者介绍，卡塞尔的学说传到日本。先后出现了完全的"占有即所有"说、存在例外的"占有即所有"说、只适用于货币充当流通媒介场合的限制性"占有即所有"说，

---

① 参见［日］于保不二雄《物权法》，有斐阁 1956 年版，第 5—6 页。转引自陈华彬《物权法原理》，国家行政学院出版社 1998 年版，第 19—20 页。

② 孙宪忠：《中国物权法总论》（第四版），法律出版社 2018 年版，第 262—263 页。

③ 参见冯洁语《论私法中数字货币的规范体系》，《政治与法律》2021 年第 7 期。

④ 参见金印《论货币作为所有物返还请求权客体的可行性——兼论抛弃"货币占有即所有"原则的必要性》，载龙卫球、王文杰主编《两岸民商法前沿——民法典编纂与创制发展》，中国法制出版社 2016 年版，第 607—610 页。

⑤ 参见朱晓喆《存款货币的权利归属与返还请求权——反思民法上货币"占有即所有"法则的司法运用》，《法学研究》2018 年第 2 期。

以及物权性价值返还请求权说。①

必须指出的是，德国通说并未采纳货币"占有即所有"规则，而是依据《德国民法典》第 90 条、第 929 条的规定，将货币作为动产，适用一般动产的物权变动原则，即所有权转移需要满足合意和交付两个条件。② 但同时，《德国民法典》第 1006 条第 1 款又规定货币脱手物可以例外适用善意取得规则，从而对货币动产流转规则进行一定程度的限制。

（2）我国司法实践多笼统地将"占有即所有"规则适用于存款货币，但存在裁判说理不够充分的问题，而且即便在最高人民法院已经有明确意见的情况下，仍有大量判决采取了不同做法。基于此，学术界也展开了对货币"占有即所有"规则的反思，大致可概括为以下两种观点。

第一种观点是限制适用说，如刘保玉教授、李锡鹤教授等认为，货币"占有即所有"规则在法律有明确规定，或存在辅助占有、信托、行纪等特殊法律关系时不得适用；③ 朱晓喆教授也认为，"占有即所有"并不能击破现金货币原物返还请求权，但是须以货币特定化为前提，存款货币作为债权并无适用该规则之余地。④ 第二种观点是彻底抛弃说，如孙鹏教授主张借鉴价值返还请求权说、代偿取回权说、推定信托与衡平留置说等，试图赋予货币原权利人以优先地位；⑤ 其木提教授、金印教授主张一般动产物权变动规则辅之以特定

---

① 参见其木提《货币所有权归属及其流转规则——对"占有即所有"原则的质疑》，《法学》2009 年第 11 期。

② 参见［德］曼弗雷德·沃尔夫《物权法》，吴越、李大雪译，法律出版社 2004 年版，第 236 页。

③ 参见刘保玉《论货币所有权流转的一般规则及其例外》，《山东审判》2007 年第 3 期；李锡鹤《作为种类物之货币"占有即所有"无例外吗——兼论信托与捐赠财产的法律性质》，《法学》2014 年第 7 期。

④ 参见朱晓喆《存款货币的权利归属与返还请求权——反思民法上货币"占有即所有"法则的司法运用》，《法学研究》2018 年第 2 期。

⑤ 参见孙鹏《金钱"占有即所有"原理批判及权利流转规则之重塑》，《法学研究》2019 年第 5 期。

的权利推定及善意取得规则，认为同样可以达到维护货币交易安全之宗旨。① 此外，还有观点以错误汇款为例，试图论证此种情形下的不当得利债权在强制执行程序、破产程序中具有优先性，以保护货币原权利人的利益。②

相较而言，第一种观点在体系化的逻辑论证和价值考量方面略有欠缺，第二种观点则呈现出了体系性的反思，但对存款货币而言解释力仍然有欠缺，且在存款货币归属问题上意见并不统一。如其木提教授在现金货币问题上主张采动产所有权变动的思路，但认为存款货币作为债权，不涉及移转现金货币所有权问题；并指出，在存款货币归属问题上，除非采用存款人所有权说，否则基于存款货币所有权的价值返还请求权思路难以成立。但同时又主张以是否特定化来判断错误汇款人是否丧失对银行的存款债权，忽略了"特定性"本身是判断物权客体的重要标准之一。③ 换句话说，价值返还请求权说成立的基础就在于将存款债权"物化"，而其木提教授主张的原因行为非必要说及特定性例外，将存款债权作为处分行为的对象并具有无因性和特定性，实质也是将存款债权当作"物"来对待了。

（二）关于存款合同的债权构造

从历史方面来看，关于存款合同性质的认识，经历了从保管到借贷的转变。在现代法上，主流意见体现为消费寄托（保管）说与消费借贷说之争，但二者在最终的法律效果上并无本质不同。还有

① 参见其木提《货币所有权归属及其流转规则——对"占有即所有"原则的质疑》，《法学》2009 年第 11 期；金印《论货币作为所有物返还请求权客体的可行性——兼论抛弃"货币占有即所有"原则的必要性》，载龙卫球、王文杰主编《两岸民商法前沿——民法典编纂与创新发展》，中国法制出版社 2016 年版，第 602 页。
② 参见黄赤橙《错误汇款返还请求权优先地位研究》，《法学家》2021 年第 4 期。
③ 参见其木提《错误转账付款返还请求权的救济路径——兼评最高人民法院（2017）最高法民申 322 号民事裁定书》，《法学》2020 年第 2 期。

一种有力的学说认为，存款合同兼具保管和使用的特点，存款人将现金存入银行并非是转移现金所有权的意思表示，而是委托银行保管自己的货币以及获得利息收入，存款人对存款享有的仍然是所有权。① 比较法则多采消费借贷说或消费寄托说：如法国、奥地利、西班牙采消费借贷说，德国、日本、瑞士采消费寄托说，但适用消费借贷合同之规则。

其实，货币消费寄托和消费借贷两种合同赖以建立的经济学基础并不相同。著名经济学家路德维希·冯·米塞斯等认为，信贷意味着以当前物品或服务与未来物品或服务的交换，而货币存管人享有在任何时候取款并兑换成现金的权利，这种权利也是一种当前物品而非未来物品。因此，货币存管"决不意味着存管人放弃了随时处置其效用的权利"。② 不唯如此，存款人债权说无法解释债权时效性与存款人永久性财产权之间冲突的问题，以及存款人何以自由支配、处分存款的问题，银行转账交易也难以简单套用债权转让规则，在银行卡盗刷案件、破产程序中银行约定抵销权的行使等情形中，债权说也难以契合司法实践的逻辑。就此而言，不移转货币所有权的混合合同说更具有合理性。

（三）关于存款货币的占有

1. 刑法关于存款货币占有的讨论

虽然占有概念源自民法，但刑法学界对存款货币占有的讨论要激烈的多。例如，曾引起社会广泛讨论的"许霆案""何鹏案"等

---

① 参见孟勤国《〈物权法〉的现代意义》，《湖北大学学报（哲学社会科学版）》2007年第4期；李前伦《论银行账户资金的权利属性》，《大连海事大学学报（社会科学版）》2008年第1期。

② 参见［奥地利］路德维希·冯·米塞斯《货币和信用理论》，樊林洲译，商务印书馆2018年版，第275页；［西班牙］赫苏斯·韦尔塔·德索托《货币、银行信贷与经济周期》（上册），秦传安译，上海财经大学出版社2016年版，第11页。

的讨论焦点都在于存款货币的占有。① 一般认为，刑法上的占有是指物理上对财物的现实支配或者控制，以人对物的事实控制力为核心，但也包括社会的、规范的支配。就占有的事实控制力而言，民法和刑法上是相通的，即占有不仅限于物理上的控制，还包括虽脱离物理控制但基于一般交易习惯、社会观念判断仍然对物存在控制力的情形。对于后者，民法上称为观念占有，刑法上称为"规范占有"。不过二者在抽象控制的程度上存在不同，民法上的观念占有可以是纯粹基于法律关系而实现管领的间接占有，而刑法更加强调对物的直接占有，否认间接占有或纯粹规范化的法律占有。②

　　针对存款货币占有的问题，刑法学者在占有对象及控制力等方面提出了很多有启发性的见解。如陈洪兵教授认为，存款货币具有准物权属性，存款人可以随时支配现金，合法存款人与银行对存款现金构成重叠占有。③ 李强教授认为，既然占有的本质是主体对财物的规范性支配，无形无体的财产性利益同样可以通过作为制度性事实的各种"工具"实现对财产性利益的规范性支配，因此其亦可成为占有的对象。④ 张明楷教授也认为，既然"狭义财物与财产性利益在我国财产罪中的地位是相同的，就应当采取相同的占有概念"，

　　① 刑法上对存款占有问题的讨论主要集中于不法所有他人错误汇款、挂失提取名下账户他人存款、提取保管的他人银行卡内存款、非法转移他人第三方支付平台绑定的银行卡内资金等情形。参见钱叶六《存款占有的归属与财产犯罪的界限》，《中国法学》2019年第2期；陈洪兵《中国语境下存款占有及错误汇款的刑法分析》，《当代法学》2013年第5期。

　　② 参见张明楷《领取无正当原因汇款的行为性质》，《法学》2020年第11期；车浩《占有概念的二重性：事实与规范》，《中外法学》2014年第5期。

　　③ 参见陈洪兵《中国语境下存款占有及错误汇款的刑法分析》，《当代法学》2013年第5期。

　　④ 参见李强《作为规范性支配的占有——以日本的刑事判例为中心》，《环球法律评论》2018年第1期。

名义存款人在事实上占有存款债权，拒不返还存款债权构成侵占罪。① 英国著名律师西蒙·格里森指出，只有把"银行账户里的货币是可以被拥有的物"这一认识作为出发点，追回被挪用货币的学说才能成立。②

2. 民法上占有概念的发展

在罗马法上，有体物、无体物均得为所有权的客体。但后世在法律继受中，形成了不同的做法：法国、奥地利等立法沿袭了罗马法的做法，仍将无体物作为所有权客体；而德国、日本等立法则明确规定法律上的物为有体物，并逐渐形成了"物必有体"的观念。不过，"物必有体"的限制日益受到挑战，同时，无体物的内涵也愈加丰富。首先，有体物的标准从能为人所感知、控制转变为能够为现代科学技术所识别、度量，并为人所控制。其次，在有体物之外，智力成果、虚拟财产、信息、权利等价值形态的财产成为个人财产的重要表现形式，当代社会财富已经呈现出一种不可逆转的无形化趋势或价值本位主义。孟勤国教授因而认为，即便是传统民法认为属于特殊动产的货币，其财产本质在于货币数值和交换价值，货币材料也仅仅是像票据、提单、仓单那样是一个权利凭证而已，因此货币也是地地道道的无体物。③ 在英国，对银行账户余额的请求权也被认为是存款者在法律上明确拥有的一种无体物。④

在此基础上，学者们提出了物权客体价值化的主张。如李国强教授等在对物权客体进行历史考察后，认为物权客体呈现从实物本位转向价值本位的趋势，应当从抽象的价值角度而非自然属性（形

---

① 参见张明楷《领取无正当原因汇款的行为性质》，《法学》2020 年第 11 期。
② 参见 ［英］西蒙·格里森《货币的法律概念》，张铮译，上海人民出版社 2022 年版，第 18 页。
③ 参见孟勤国《物的定义与〈物权编〉》，《法学杂志》2019 年第 3 期。
④ ［英］西蒙·格里森：《货币的法律概念》，张铮译，上海人民出版社 2022 年版，第 18 页。

态、形状、种类等）界定物权客体，凡是具有特定化、独立化的财产利益，都可以成为物权之客体，物权客体的价值化成为现代社会公认的事实。^①孙鹏教授认为，主流学说对物权标的特定化原则的理解过于狭隘，"特定"包括物理特定和价值特定。^②马俊驹、梅夏英教授也认为，现代社会财产权已由原来注重对标的物的现实支配的具体权利，演变为注重收取代价或获取融资的价值权。^③这就将无体物也纳入传统物权占有对象的范畴，从而扩张了占有的概念。

（四）关于相对所有权理论

1. 关于相对所有权的概念

"相对所有权"作为一个学理上的概念，常用来指中世纪封建主义的双重所有权和现代英美法系双重所有权。^④其在现代法上亦随处可见，典型如《加拿大魁北克民法典》直接对其立法化，于第947条第2款规定："所有权可附有期限和条件，可以发生共用所有权和空虚所有权的分离。"在信托问题上，孙宪忠教授指出，受托人的权利具有大陆法系所有权所不具备的"他物权"特征，受托人虽然可以行使完全的物权权能，但其行使这些权利却是按照信托人的要求并为了信托人的利益，且在财政法上只能作为信托人的财产，受托人的权利同时又反映出某种债权的限制，因此，德国民法将这种权利称为"相对所有权"。^⑤谢哲胜教授认为，信托中存在对所有权的质的分割。

---

① 参见李国强《时代变迁与物权客体的重新界定》，《北京师范大学学报》2011年第1期。持类似观点者还有孟勤国、高富平等。参见孟勤国《物权二元结构论——中国物权制度的理论重构》（修订版），法律出版社2020年版，第77页；高富平《从实物本位到价值本位——对物权客体的历史考察和法理分析》，《华东政法学院学报》2003年第5期。

② 参见孙鹏《金钱"占有即所有"原理批判及权利流转规则之重塑》，《法学研究》2019年第5期。

③ 参见马俊驹、梅夏英《财产权制度的历史评析和现实思考》，《中国社会科学》1999年第1期。

④ 参见梅夏英《两大法系财产权理论和立法构造的历史考察及比较》，载易继明主编《私法》第1卷，北京大学出版社2001年版，第204页。

⑤ 参见孙宪忠《德国当代物权法》，法律出版社2010年版，第176页。

又如，在所有权保留问题上，从"部分所有权转移"路径解释其构造的学者不在少数。如德国学者赖泽尔提出时间区分所有权理论，主张买受人与出卖人依时间先后共有所有权，让与人与买受人各握取一部分所有权，其中买受人享有所有权之期待权；鲍尔则认为，所有权保留买卖中存在一种权利分化，卖方保留担保权和变价权，买方则获得占有权和使用权，所有权在当事人之间进行了分割。① 日本学者铃木禄弥教授提出了形象的"削梨"说，即在所有权保留买卖过程中物的归属关系处于浮动状态，随着价金的支付，所有权如"削梨"一般由出卖人一方逐渐地移到买受人一方。② 申卫星教授赞成双重所有权说，认为在所有权保留买方是真实所有权人，享有一种不是完全所有权的期待所有权，卖方保留的是担保所有权，仅为担保价金债权的实现。③

再者，在解释土地承包经营权的性质时，也有不少学者采纳了相对所有权理论。如房绍坤教授、曹相见教授认为，归属所有权并不涉及权能问题，而是对支配所有权的某种限制，因此在以利用为中心的所有权形态下，土地承包经营权实际上就是支配所有权。④ 孙宪忠教授也认为，基于相对所有权理念，土地承包经营权本质上为自物权。⑤ 李国强教授认为，在承包地"三权分置"中，集体所有权是相对所有权，专司最终所有权的功能。⑥

---

① 参见申卫星《所有权保留买卖买受人期待权之本质》，《法学研究》2003 年第 2 期。

② 参见刘得宽《民法诸问题与新展望》，中国政法大学出版社 2002 年版，第 9 页。

③ 参见申卫星《所有权保留买卖买受人期待权之本质》，《法学研究》2003 年第 2 期。

④ 参见房绍坤、曹相见《集体土地所有权的权能构造与制度完善》，《学习与探索》2020 年第 7 期。

⑤ 参见孙宪忠《推进农地三权分置经营模式的立法研究》，《中国社会科学》2016 年第 7 期。

⑥ 参见李国强《论农地流转中"三权分置"的法律关系》，《法律科学》2015 年第 6 期。

此外，在 20 世纪 80 年代的国企改革中，关于国家与企业的权利配置，梁慧星教授提出了企业的相对所有权概念，王利明教授提出了公司财产归公司所有、公司由股东所有的"双重所有权"概念。① 孟勤国教授也认为，股东通过股权仍然控制着公司资产的命运，是所有权在特定条件下的权能形态。② 还有观点从公司法人的双重角色出发，提出应构造一种融合经济意义上企业所有权的法人理论，在股东对企业享有所有权的同时，企业还对自己名下的各种财产享有所有权，前者是企业经济意义上的所有权归属，并不影响企业在法律上获得独立地位从而享有后一种所有权。③

2. 关于相对所有权的构造

由于相对所有权概念不再仅仅关注所有权的观念性，而是同时立足于所有权的观念性和现实性，实现了所有权内容的相对分离。但在相对分离的具体构造上，学者之间意见不一，大致存在两种类型。一是双所有权构造说，如冉昊教授主张将绝对所有权分解为作为归属的所有权和作为支配的所有权；④ 二是"剩余权"构造说，如李国强教授认为，归属和支配不可分离，所有权不是对物的支配而是对物权客体价值的支配，价值化的物权客体的一个明显表现就是不存在一个绝对归属的所有权，所有权是对物权客体之上的权利分割后的"剩余"支配，已经与他物权归于平等。⑤

---

① 参见梁慧星《论企业法人与企业法人所有权》，《法学研究》1981 年第 1 期；王利明《论股份制企业所有权的二重结构——与郭锋同志商榷》，《中国法学》1989 年第 1 期。

② 参见孟勤国《也论法人所有制》，《广西大学学报（哲学社会科学版）》1988 年第 3 期。

③ 参见王卫国《现代财产法的理论建构》，《中国社会科学》2012 年第 1 期；冯珏《法人理论之社会基础的更新：从社团到企业》，《南大法学》2021 年第 2 期。

④ 参见冉昊《"相对"的所有权——双重所有权的英美法系视角与大陆法系绝对所有权的解构》，《环球法律评论》2004 年第 4 期。

⑤ 参见李国强《相对所有权的私法逻辑》，社会科学文献出版社 2013 年版，第 114 页。

三 主要研究框架

目前，我国民法学界对存款货币权利属性的研究大多以反思现金货币的"占有即所有"规则为起点，以提出新的货币流转规则为终点，但对存款货币能否适用"占有即所有"规则认识并不统一。现有研究要么在认为存款货币为债权的同时试图证成"占有即所有"规则的通说地位，但解释难以自洽；要么在疏于细密逻辑思辨和深刻价值考量的情况下主张限制或排除其适用，但相关结论难免粗糙。虽然也有学者提出物理特定性、价值特定性、价值所有权的概念，但其以存款货币系债权为基础，在论证逻辑上存在矛盾。

本书以物债二分体系为讨论框架，围绕货币的法律属性及权利变动规则、存款货币能否构成物权性占有的话题，检讨存款货币的权利构造，力图实现从存款人债权说到存款人物权说的转变。文章的基本架构如下。

第一章是货币"占有即所有"规则的考察。本章首先介绍经济学界及法学界既有学说对货币的本质及其法律属性的认识，然后梳理货币"占有即所有"规则的起源、内涵、功能，最后总结存款货币适用"占有即所有"规则所面临的难以解释的问题。在全面展示现行货币流转规则面临的困境后，可以发现流转规则之所以存在逻辑不通之处，症结在于存款货币所有权的归属问题。

第二章是存款货币债权构造的多维检讨。关于存款货币的权利构造，通说形成了银行享有货币所有权、存款人仅享有债权的立场。通说是如何形成的，存在何种问题？本章围绕银行的资产负债结构，呈现存款人和银行在存款合同中权利义务配置的特殊性。首先考察了存款合同的历史发展；其次检讨当前关于存款合同性质的理论能否有效地解释存款货币中的权利义务关系；最后在阐明存款账户法律功能的基础上，合理界定存款货币的法律关系。

　　第三章是存款货币物权构造的占有构成。正确界定存款货币的权利构造，需要解决一个前提性问题，即存款货币的占有：存款货币能否构成物权性占有？本章首先通过介绍刑法学界对存款货币占有问题的讨论，指出在占有客体及控制手段方面对民法占有问题的启示，然后梳理民法上占有客体的扩张趋势，继而论证存款人与银行对存款货币存在共同占有。

　　第四章是存款货币物权构造的物权效果。当论证完毕银行和存款人均得占有存款货币后，存款货币的物权分析进路就有了逻辑前提。本章的核心任务是从物权效果上分析存款货币法律关系。首先分析了现代法上单一、绝对所有权的局限，在引入、论证相对所有权概念的基础上，分析存款货币中的所有权结构，并把存款人的权利定性为归属所有权。在此基础上，分析了银行支配所有权、存款人归属所有权的形成、内容与变动，提出在尊重权利人意思表示的前提下，对"占有即所有"规则进行再限缩。

第一章 货币"占有即所有"
规则的考察

在物权法上，一般认为货币作为特殊动产，适用"占有即所有"规则。然而，这一命题看似熟悉、确定，其法理内涵却十分丰富，学界也不乏相关反思。其一，货币类型多样，既有存在物理外形的纸质货币、金属货币，又有无体的存款货币、数字货币，它们为何不可以统一纳入动产的范畴？在规范上，与一般动产相比，货币的特殊性如何体现？其二，什么是货币"占有即所有"规则，为什么要建构这样一种规则，它的适用范围是无条件的吗？其三，在涉及存款货币的司法实践中，适用"占有即所有"规则能否解决问题？上述问题作为存款货币权利构造研究的前提和基础，理论上不可不察。

值得注意的是，货币虽然也是法学概念，但它首先是一个经济学概念。因此，考察货币"占有即所有"规则，首先要对货币的本质有着清晰的认识。基于此，本章首先从经济学角度考察货币的产生及本质，梳理法学界对现金货币、存款货币、法定数字货币等货币形式的法律属性的认识；其次对当前关于货币流转的通说——"占有即所有"规则，从起源、内涵、功能等方面进行溯源；最后总结基于当前对货币法律属性的认知，存款货币适用"占有即所有"规则所面临的难以解释的问题，如借用他人账户如何承担责任、错误汇款能否排除强制执行、银行卡被盗刷情形下责任人认定及责任分担等。

第一节 货币的起源、本质及法律属性

什么是货币？货币如何产生？货币的本质是什么？这是货币经济学理论面临的基本问题。对此，经济学家多从货币的本质或者职能出发定义货币，但不同流派对货币根本职能以及货币的本质认识各有差异。马克思在研究货币本质时，曾引用19世纪英国著名政治家格莱斯顿的名言："受恋爱愚弄的人，甚至还没有因钻研货币本质而受愚弄的人多。"[①] 货币本质问题看似简单，实则非常复杂。在货币理论发展史上，人们对货币产生和本质的认识也随着经济社会的发展而不断变化，进而影响了法律上对货币属性的判断。

一 货币的起源与演进

关于货币的起源，传统观点多认为货币起源于"物物交换"，现代货币理论则认为货币起源于债权债务的量度及偿付。就货币的演进而言，通说总结为实物货币、信用货币两个发展阶段，也有学者进一步将电子货币（法定货币的电子化）、数字货币，归入为后信用货币时代。[②]

（一）货币的起源

古典货币理论认为，货币是为了提高交换效率产生的，货币源于"物物交换"。其中，最为著名的是亚当·斯密描述的"需求双重巧合"矛盾。亦即，交易发生的前提是双方主体同时拥有对方需

---

① 中共中央马克思恩格斯列宁斯大林著作编译局编译：《马克思恩格斯全集》（第十三卷），人民出版社1962年版，第54页。
② 参见杨依山、刘强《本质与形式：货币演化的逻辑》，《文史哲》2021年第5期。

要的物品，否则交易无从发生。[1] 马克思经济学也是从商品交换关系中分析货币起源，并将货币商品论建立在劳动价值论基础上，认为商品具有使用价值和共同价值（体现为货币形式），货币就是商品价值的一种表现形式，随着劳动品通过交换转化为商品，商品在一定程度上转化为货币。[2] 上述观点被认为是主流经济学观点，其背后的逻辑是：物物交换的过程中产生一种特定商品作为一般等价物，一般等价物的形式可以是金银、铸币、纸币等。

但是，主流经济学的立场也遭到了质疑。反对意见认为，物物交换没有考古学和人类学上的证据。著名经济史学家卡尔·波兰尼就认为，原始的交换行为是基于互惠原则组织起来的，并非以物易物的市场行为，交换的目的在于维持部落内部或者部落间的和谐稳定、财富均等，部落内部个体之间自由自愿的交易只是零星体现。[3] 人类学家则发现，很多证据表明，货币的最初出现与支付聘礼、斗殴杀人赔偿金或者罚金、买卖奴隶密切相关。[4] 确实，虽然部落社会时代也会出现私有且可转让的财产，但生活的不确定性迫使家庭不得不储备必需的生活物资。当出现天灾人祸时，贷方将其部分储备物资交给借方，而借方则保证在贷方需要的时候以他的劳动进行偿还，形成了一种远期合约。[5] 可见，与其说货币的出现源于双方需求巧合下的以物易物，不如说是出于对债务的衡量和支付。

在考古学家看来，最初的货币就是以小麦为记账单位在泥质硬

---

[1] 参见杨依山、刘强《本质与形式：货币演化的逻辑》，《文史哲》2021 年第 5 期。

[2] 参见 [德] 马克思《资本论》（第一卷），中共中央马克思恩格斯列宁斯大林著作编译局编译，人民出版社 2018 年版，第 62—111 页。

[3] 参见 [英] 卡尔·波兰尼《大转型：我们时代的政治与经济起源》，冯钢、刘阳译，当代世界出版社 2020 年版，第 57—64 页。

[4] See Glyn Davies, *A History of Money: From Ancient Times to the Present Day*, Cardiff: University of Wales Press, 2002, p. 25.

[5] 参见刘磊《从货币起源到现代货币理论：经济学研究范式的转变》，《政治经济学评论》2019 年第 5 期。

板上记录的债务合约，为方便管理，依照一定的汇率将各类债务兑换为小麦的单位，而这种标准化过程形成了货币最初的"记账单位"职能，以小麦为单位的记账货币由此产生，并具有了支付手段的职能。[1] 据考证，在欧洲，还出现过一种被称作"记账单"的东西来充当货币，即在硬木树枝两端同时记录下债务的信息，之后被一分为二，较大部分由债权人保存并被称作债权，较小部分由债务人保存并被称作存根。中世纪，英国财政部起初将其当作收据，后来还用来筹资、发放信贷、国债。[2] 也有学者直接指出，货币的最初形式就是一种有质押的借条。[3] 无论如何，债务的出现远早于商品。[4]

（二）货币的演进

一般认为，货币的历史演进经历了两个阶段：实物商品本位阶段和信用本位阶段。前者以具有实物价值和商品价值的商品为货币，又称实物货币；后者以没有商品价值的符号为货币，又称名目货币、符号货币。[5] 但实际上，商品货币也具有一定的信用属性，因此，早期货币被认为是有内在经济价值和丰富外在表现形态的双重存在物。[6] 而货币的形态演进必须要考虑到人们降低交易成本、提高交易效率的需求，同时还受制于科技发展水平对货币材质及形式的影响。

因此，货币的演进就呈现出这样一幅图景：在实物商品本位阶段初期，贝壳、珠玉、牙齿、粮食、硬木树枝、石块等实物商品都

---

[1] 参见刘磊《从货币起源到现代货币理论：经济学研究范式的转变》，《政治经济学评论》2019 年第 5 期。

[2] See Glyn Davies, *A History of Money*: *From Ancient Times to the Present Day*, Cardiff: University of Wales Press, 2002, pp. 148–150.

[3] 参见周洛华《货币起源》，上海财经大学出版社 2019 年版，第 114—115 页。

[4] 参见韦森《从货币的起源看货币的本质：历史与现实》，《政治经济学评论》2016 年第 5 期。

[5] 参见周若愚《钱约论：货币的契约本质与货币银行学革命》，中国经济出版社 2016 年版，第 61 页。

[6] 参见陈彩虹《现代货币本质和形态研究——兼谈脸书（Facebook）的 Libra》，《武汉金融》2019 年第 12 期。

可以是货币；后来足额金属铸币尤其是贵金属金银货币，以其价值的相对稳定性优势，发展成为实物货币的最终形式。不足值金属铸币的出现意味着货币演化进入了信用货币阶段，后来出现由国家政府或银行信用担保的纸币、硬币等。信用货币发展到后期，又出现了完全不具有有形载体的货币，如仅基于加密算法与代码而产生的数字货币、电子货币、虚拟货币等。商品货币具有商品价值和支付结算双重属性，而信用货币没有商品属性，是一种价值符号的表征，仅具有支付结算的流通功能。

货币形式演化的背后隐藏着货币职能分离的逻辑：贵金属金银货币因其自身的价值属性而具有价值尺度、支付手段、价值储藏三种基本职能，但随着交易需求的扩大和技术的不断进步，"全职能"的金银货币已经无法支撑新的人类社会秩序，因此，价值尺度和支付手段职能逐渐分离并赋予纸币以及货币电子化后的各种"余额"身上，继而衍生出一种所谓的"符号价值"。① 据此，货币职能的分离也促使货币理论从货币金属主义向货币名目主义转变。

总之，从货币的起源来看，"物物交换"理论并非无懈可击，货币起源于债权债务的量度及偿付的理论，与人类学和考古学上的证据更加契合。随着货币形式的演进和货币职能的分离，货币的商品属性逐渐消失，符号属性不断加强。

二 经济学上的货币本质

在货币理论发展史上，经济学界对货币本质的认识也随经济社会的发展而不断演化，主要有货币金属主义说和货币名目主义说两大学说。货币金属主义说认为，货币的本质是包括贵金属在内的特殊商品，更加强调货币本身的商品价值。货币金属主义是货币金、银本位制的产物，随着20世纪初金本位制度的崩溃，其影响力日益

---

① 参见杨依山、刘强《本质与形式：货币演化的逻辑》，《文史哲》2021年第5期。

减弱。货币名目主义抛弃货币金属论"货币即金银，即财富"的观点，否定货币的实质价值，认为货币只是一种符号，转而从货币的关键职能（如价值尺度职能）出发，强调这种功能是货币的本质要求。货币金属主义说主张货币的本质是作为一般等价物的商品，又称货币商品论；而货币名目主义论者对货币本质的认识主要有货币债权说、货币契约说、货币信用说等。

（一）作为一般等价物的货币

货币金属主义说历史悠久，影响深远。古典政治经济学、马克思经济学和当代经济学主流观点都把货币当作从商品中分离出来固定地充当一般等价物的特殊商品，是商品交换发展到一定阶段的产物，足值的金银是充当一般等价物的最佳媒介。按照马克思经济学的经典表述，货币作为特殊商品"在商品世界起一般等价物的作用"[1]，"货币天生不是金银，但金银天生是货币"[2]。法国古典政治经济学家萨伊也明确指出，一个国家的货币无论是什么材质制成的，这些货币材料必然具有由于充当货币而产生的特殊内在价值。[3]

（二）作为债权的货币

进入 20 世纪，金银慢慢地退出货币舞台，纸币和银行支票成为各国主要的流通和支付手段。随着区块链、电子支付等新技术手段的发展，货币越来越数字化、符号化，从普通分布式记账的存款货币，发展到出现诸如比特币、Libra 等去中心化的数字货币。在我国，数字人民币已正式进入大众的生活中。纸币正慢慢从人们的生活中退出，货币越来越成为一种与银行电脑网络连在一起的纯数字

---

① ［德］马克思：《资本论》（第一卷），中共中央马克思恩格斯列宁斯大林著作编译局译，人民出版社 2018 年版，第 86 页。
② ［德］马克思：《资本论》（第一卷），中共中央马克思恩格斯列宁斯大林著作编译局译，人民出版社 2018 年版，第 108 页。
③ 参见［法］让·巴蒂斯特·萨伊《政治经济学概论》，赵康英等译，华夏出版社 2014 年版，第 301 页。

记账单位。这似乎应验了德国社会学家西美尔在《货币哲学》中所说的"货币的量即为货币的质""货币无本质"的论断。①

纸币本身尚以有形之物作为载体，而在加密算法基础上形成的、以数字形式存在的数字货币，则完全颠覆了传统商品货币说对货币本质的认识。此外，商品货币说对货币本质论证中的国家作用的分析也不能令人信服，实物货币只是一个历史现象，到今天"不兑现货币"没有任何"实在的"东西在背后支撑，商品货币论也很难解释现代货币的运作机制。正因为如此，有学者认为，金属货币从来不是商品货币的一种形式，其本质一直是货币发行者（国家）的借据，是对负债的记录，不过恰好印在黄金上而已。②

当货币的本质从一般等价物过渡到债权时，意味着货币名目主义的诞生。而事实上，早在17世纪，英国经济学家巴本就提出了货币名目主义的思想。巴本认为，货币只是一个象征或票证，他否认货币的商品性和价值性。到19世纪时，苏格兰经济学家麦克劳德提出了货币债务说，主张任何代表可转让债的东西都是货币，同时期英国经济学家白芝浩也持相同观点。到了20世纪，德国历史学家纳普指出，货币是国家确定的一种度量单位，查理大帝时期没有铸币却有一套完备的记录信用和债务的"记账货币"体系。与此同时，英国经济学家凯恩斯在《货币论》中提出，记账货币是表示债务、物价与一般购买力的货币，记账货币是货币理论中的原始概念。③ 与凯恩斯同时期的经济学家熊彼特也认为，货币的本质并不在于其可发现的任何外在形式，而在于稳定地转移支撑经济交易的信用和债务。④

---

① 参见［德］西美尔《货币哲学》，陈戎女、耿开君、文聘元译，华夏出版社2018年版，第250页。

② 参见［美］L. 兰德尔·雷《现代货币理论》，张慧玉、王佳楠、马爽译，中信出版社2017年版，第213—215页。

③ 参见［英］凯恩斯《货币论》，罗淑玲等译，重庆出版社2021年版，第2页。

④ 参见韦森《货币的本质再反思》，《财经问题研究》2016年第10期。

总而言之，货币债权说把货币的本质看成是一种可转让的债，是政府欠全社会的一种不必归还的债。据此，无论金银、纸币还是数字，都只是货币的存在形式，社会越现代化、货币越虚拟化，货币本身就越来越以"记账货币"的形式独立存在。所以，有学者断言，世界上几乎所有国家的货币都已是信用货币，在很多国家硬币和纸币只是货币总量中一个很小的部分，多数货币不再具有实物形态了，中国各类银行账户中各类存款的"记账货币"目前已高达95%以上，货币更谈不上是一种"特殊商品"了。①

（三）作为契约的货币

在货币名目主义学说中，货币契约论也是一种重要理论。该说认为，货币的本质是人类为协调有限的客观资源与个体需求而达成的一种契约秩序，国家规定何种物品或符号为货币以及货币的价值，均体现了契约性质。货币契约是整个人类社会宏大复杂秩序的重要一环，货币形式的不断发展，并没有改变货币契约秩序的本质，其形式变化反而更是对其本质的佐证。② 货币的价值在于对其他商品的交换权，契约价值可以独立于商品价值而存在，契约价值与商品价值的分离，是货币能以多种材质、多种形式存在的根本原因。③

值得注意的是，学界对货币契约的当事人存在不同认识。有的认为，货币是国家与货币持有者之间的契约，即纸币实际上是一纸特殊的契约，它的一方是国家，另一方则是纸币接受者或纸币持有者。④ 但也有学者认为，货币是一种为了节约交易费用而设计的载有对社会资源支配权的契约，契约的一方为货币持有者，另一方为资

---

① 参见韦森、翁一《货币的本质是一种债》，《中国经济报告》2017 年第 2 期。

② 参见杨依山、刘强《本质与形式：货币演化的逻辑》，《文史哲》2021 年第 5 期。

③ 参见周若愚《钱约论：货币的契约本质与货币银行学革命》，中国经济出版社 2016 年版，第 159 页。

④ 参见陈彩虹《纸币契约论》，《财经问题研究》1997 年第 8 期。

源拥有者。[1]

（四）作为信用的货币

货币信用论者认为，当今世界的货币已发展成信用货币，信用货币本身没有价值，不是一种凝结着人类一般劳动的商品，对货币本质的认识也应当摆脱金属货币论的束缚。"信用货币的基础不是商品、价值和等价交换，而是国家政权的强制、垄断或者说是国家信用，信用货币离开了'权威'或信用就会一钱不值。"[2] 因此，货币的本质是一种能提供一般购买力的信用，而货币流通的过程就是信用转让的过程。

关于货币的信用工具属性，德国著名社会学家尼克拉斯·卢曼曾有经典论述："货币、真理与权力都是交往的普泛化媒介，它们是复杂性简化的载体。它们每一个都在自己的领域内以自己的方式为交往提供一种复杂性简化的能力——这在'媒介'概念中得到表达。"[3] 货币本身被信任，并非是对个人的信任，而是一种基于对系统的信任，这种系统信任是通过连续的、肯定性的使用货币的经验自然而然地建立起来的，不需要特殊的内在保证。[4] 但同时，货币是一种在高度抽象系统过程中被普泛化的交往媒介，人们基于对特定媒介的信任对他人的经验和行为进行选择性加工，但对这种交往媒介的信任也需要最低限度的实在基础，即简化的交往系统本身需要并维持着信任。也就是说，除了货币本身被信任，货币所在的交往系统本身也要被信任。

---

[1] 参见王学龙、于潇、白雪秋《货币契约、金融功能与经济发展》，《财经问题研究》2012 年第 1 期。

[2] 陆凯旋：《论货币的本质》，《金融理论与实践》2002 年第 2 期。

[3] ［德］尼克拉斯·卢曼：《信任：一个社会复杂性的简化机制》，瞿铁鹏、李强译，上海人民出版社 2005 年版，第 73 页。

[4] 参见［德］尼克拉斯·卢曼《信任：一个社会复杂性的简化机制》，瞿铁鹏、李强译，上海人民出版社 2005 年版，第 65 页。

（五）小结

以上四种学说是当前经济学界对货币本质的主要观点。虽然货币是一般等价物的观念依然根深蒂固，但无论是从人类学、货币史学等学术角度，还是层出不穷的货币实践角度，都到了对货币商品论进行反思的时刻，货币名目主义下的货币债务论、契约论、信用论就是这种反思的成果，并且得到越来越多的支持。

货币契约论、债务论、信用论三种不同学说，分别从货币产生、发行、保障等不同侧面对货币展开多维认识，但都认为货币的本质不是实物而是关系，都强调货币的符号意义，否定货币的商品本质。无论将货币看作计量单位、借据还是社会价值的代表，都是对货币符号属性而非商品属性的认可，故可以统称为广义上的信用论。

综合契约论、债务论、信用论三种学说，可以认为，货币的本质是债权债务关系，是一组以国家信用为基础、商业银行等所有社会主体共同参与信用创造的相互勾连的完整信用体系。有关货币本质的商品论与信用论之争，贯穿着整个经济学历史，商品论是主流经济学的隐含立场，信用论则主要是非主流的货币理论。但随着现代经济虚拟化和货币符号化的现实发展，货币信用论逐渐得到更多认可。[1]

三 货币的法律属性

介绍经济学上的货币理论，是为了更好地理解货币的法律属性。而之所以要界定货币的法律属性，是为了明确货币的使用和转让规则。在中国，狭义人民币包括流通中的货币、商业银行活期存款，广义的货币还包括商业银行各种定期存款。[2] 另外，数字人民币已正

---

[1] 参见谢志刚《货币的商品论与信用论之争及其演进》，《学术研究》2021 年第 12 期。

[2] 参见何光辉编著《货币银行学》，复旦大学出版社 2016 年版，第 281—284 页。

式流通。下文将对常见的货币类型——现金（纸币和硬币）、存款货币、数字人民币的法律属性进行分析。由于货币的法律属性涉及对民法上物债二分的认识，故下文首先对物债二分理论做相应背景性介绍。

（一）物债二分的相对性

1. 形式主义的物债二分

简单来说，物债二分就是在财产法体系中存在物权与债权的分立。罗马法上本无所谓物权与债权，甚至也缺乏权利的概念，与物债二分接近的是"对物之诉"与"对人之诉"的区分。在此基础上，中世纪注释法学派经由主观权利理论形成了"对物权""对人权"的区分。此后，萨维尼打破了法学阶梯的三编制体系，形成了总则、家庭权、物权、债权、继承权体系。为了论证债法与物法分立之正当性，萨维尼将"债权"与"物权"进行对比研究，构成债权物权区分说的真正起点。① 《德国民法典》以成文法的形式确立了债法与物权法的分立，债权和继承权从物权中分离出来，物权内部也实现了所有权和他物权的分离，物债区分从抽象的学理发展成为实证法上的核心支柱。而在物权编中，基于物权法定原则，不同类型的物权对应不同的法律规范，形式主义得以成形。②

不可否认，形式主义的物债二分体系具有重要的找法价值，但也存在固有缺陷：物权与债权在概念外延上并非"非此即彼"的互斥结构，两极的中间存在无法划清的混合地带和空白区间。尤其自20世纪后半叶起至今，现代社会发展带来多样性的问题，诸如网络虚拟财产性质定位、第三人侵犯债权、未登记的物权不具有对抗效力等问题，使人们开始强烈地质疑物权、债权区分的必要性和可能

① 参见金可可《债权物权区分说的构成要素》，《法学研究》2005 年第 1 期。
② 参见王利明《担保制度的现代化：对〈民法典〉第 388 条第 1 款的评析》，《法学家》2021 年第 1 期。

性，进而出现了"债权物权化"与"物权债权化"的激烈讨论，并认为在物权与债权之间存在中间状态的权利。[①] 面对形式主义物债二分的局限，我国民法学者多从财产体系划分、物权客体范围扩展、物权法定原则缓和、具体权利的救济路径等不同角度进行补充和修正。

例如，王涌教授、张永健教授主张放弃物债二分体系，借鉴霍菲尔德法律关系分析方法，以请求权、自由、权力、豁免四种类型的物上广义权利及对应物上广义义务为内容构建物上法律关系，以财产权的对世、排他力及其可转让性为标准，将各种财产形态纳入一个由简及繁的财产权谱系。[②] 苏永钦教授则提出了打破物债二分的"大民法典"理念：在财产权概念的统领下，将物权与债权的二分转换为属物的法律关系（财益权）和属人的法律关系（债权），构建以债权、财益权为支柱的财产法系统。[③] 还有学者主张无须纠结于形式逻辑之上的物债区分，应更加注重实质的权利救济，承认"中间型权利"的客观存在，统一以"当事人的知晓"为标准，在具体场景中决定哪项权利应获得保护以及何种保护；[④] 对于团体共同占有和使用物的情形，以及对无体物的拥有和流通的情形下，不必强求用所有权理论来规范和解释，直接从具体权利的享有和流通方面进行分析。[⑤]

---

① 参见冉昊《"义务人的知晓"对物权/债权二元区分的改善》，《法学》2015 年第 3 期。

② 参见王涌《财产权谱系、财产权法定主义与民法典〈财产法总则〉》，《政法论坛》2016 年第 1 期；张永健《物权的关系本质——基于德国民法概念体系的检讨》，《中外法学》2020 年第 3 期。

③ 财益权不同于物权，是围绕特定财益向任何人主张之权利，原传统的物权成为财益权的组成部分。债权则指特定人对特定人请求为一定给付之权。参见苏永钦《大民法典的理念与蓝图》，《中外法学》2021 年第 1 期。

④ 参见冉昊《论"中间型权利"与财产法二元架构——兼论分类的方法论意义》，《中国法学》2005 年第 6 期。

⑤ 参见梅夏英《民法上"所有权"概念的两个隐喻及其解读——兼论当代财产权法律关系的构建》，《中国人民大学学报》2002 年第 1 期。

除放弃或搁置物权与债权的区分外，更多学者提出从修正财产权体系、扩充物权客体范围的角度，实现财产法体系的包容性和开放性。其中，修正财产权体系说主张，以有体物为权利客体的物权无法涵盖新类型的无体财产，希望引入更高位阶的财产或财产权概念，以打破物债二分的封闭性。如王卫国教授将财产分为有形财产、无形财产、集合财产三类，在以绝对权为中心的理论架构下协调传统物权和各种新型财产权的关系，由此构建新的财产分类和财产权理论体系。① 也有学者主张以"绝对—相对"的二分法取代"物—债"两分法，将财产分为绝对财产权、相对财产权和未上升为权利的财产法益。② 马俊驹教授、梅夏英教授也认为，应在保留传统所有权制度的同时，引入更高层次的财产权概念，并赋予新型财产权利与所有权和债权平等的地位。③

扩充物权客体范围说则立足于对物权客体概念、物权法定原则的反思，试图为实现物权法的开放性寻找突破口。依据该说，物权客体存在从实物本位转向价值本位的历史和现实趋向，应当从抽象的价值角度而非依据自然属性（形态、形状、种类等），对物权客体进行界定。凡是具有特定化、独立化的财产利益，都可以成为物权之客体，物权客体的价值化成为现代社会公认的事实。④ 相应地，对物的定义也应当以财产的价值性为支点，不必纠缠于有体物、无体

---

① 参见王卫国《现代财产法的理论建构》，《中国社会科学》2012 年第 1 期。

② 参见孙山《财产法的体系演进》，《上海政法学院学报》2021 年第 5 期。另有学者主张以权利效力范围为标准，将权利划分为排他性财产权与非排他性财产权。但这种分类仍然建立在物债区分传承基础之上。参见李强《财产权二元系新论——以排他性财产权与非排他性财产权的区分为视角》，《现代法学》2009 年第 2 期。

③ 参见马俊驹、梅夏英《财产权制度的历史评析和现实思考》，《中国社会科学》1999 年第 1 期。

④ 持此观点者如孟勤国、高富平、李国强等。参见孟勤国《物权二元结构论——中国物权制度的理论重构》（修订版），法律出版社 2020 年版，第 77 页；高富平《从实物本位到价值本位——对物权客体的历史考察和法理分析》，《华东政法学院学报》2003 年第 5 期；李国强《时代变迁与物权客体的重新界定》，《北京师范大学学报》2011 年第 1 期。

物之中，物就是能为特定主体直接支配的财产利益。① 还有学者主张
从权利的公示手段出发，认为特定物之上的物权和债权在支配力方
面存在共性，区分的依据仅是法律政策安排或当事人的自治授予，
主张开放特定物之上债权的登记，以取得对抗第三人的绝对效力，
有限度地突破物权法定原则、开创物权自由创设的空间。②

2. 物债二分的相对标准

总体而言，关于物债二分的区分标准，经历了一个从对象、内
容到效力变化的过程，含义也相应地从对物、对人到支配、请求和
绝对、相对的转变。③ 学界通常将物权定义为一种对物予以直接支
配，并排他性地享受其利益的权利。④《民法典》第一百一十四条也
规定，"物权是权利人依法对特定的物享有直接支配和排他的权利"。
对此，温世扬教授指出，绝对性、客体有体性和优先性等只是物权
的相对必要构成要素，而支配性是核心要素，再加上相对必要构成
要素中的一种、多种或全部即可成立物权。⑤ 本书基本赞同这一判
断。事实上，物权、债权区分的标准核心在于主体的支配力，且主
体的支配力体现为排他效力，只是此种支配和排他在效力上有强
有弱。

首先，物权与债权在效力上的差距不存在鸿沟，完全可以通过
登记等公示制度消弭，"债权物权化"就是典型体现。学界多在相对
权与绝对权二分框架下展开对"债权物权化"的探讨，通过授予物

---

① 参见孟勤国《物权二元结构论——中国物权制度的理论重构》（修订版），法律
出版社 2020 年版，第 40 页。
② 参见张鹏《物债二分体系下的物权法定》，《中国法学》2013 年第 6 期。
③ 参见冉昊《"义务人的知晓"对物权/债权二元区分的改善》，《法学》2015 年第
3 期。
④ 参见谢在全《民法物权论》（上册），中国政法大学出版社 2011 年版，第 9 页；
梁慧星、陈华彬《物权法》（第七版），法律出版社 2020 年版，第 6 页；刘保玉《物权法
学》（第二版），中国法制出版社 2022 年版，第 46 页。
⑤ 参见温世扬、武亦文《物权债权区分理论的再证成》，《法学家》2010 年第 6 期。

权外部保护来定义物权，旨在表明法律制度在特定条件下为债权提供如物权一般的绝对性保护。[①]"债权物权化"的主要表现在于，债权获得了与物权一样的绝对性特征，但"债权物权化"并不等同于债权完全向物权转化，只是在相对的法律关系中，债权在效力范围上具备部分物权的特征，此时债权仍然是作为相对权的请求权。物权之所以具有排他效力，并非由其客体本身决定的，还需要交付、登记等公示方式通力协作。反过来说，债权也可以通过登记、占有或者法律规定获得对抗效力。例如，《民法典》第六百四十一条所有权保留中的所有权、第七百四十五条融资租赁中的所有权未经登记不得对抗善意第三人，其对抗效力与普通债权无异，但登记后则成为一种可以对抗第三人的具有担保功能的权利。相反地，债权也可以通过登记、准占有或者法律规定获得对抗效力，如预告登记的债权等。在不能对抗第三人即为相对权的传统理念下，上述情形实际上"打破了物权与债权、绝对权与相对权的基本体系"。[②]

其次，从权利客体的角度上，物权、债权均有其支配的属性，只不过债权在支配的力度上要弱于物权。例如，债权让与本身就是对债权交换价值的一种支配，只不过比担保物权对交换价值的支配要弱；租赁他人房屋亦体现为对租赁物使用价值的支配，只是程度上不及用益物权对物的使用价值的支配。除本身具有一定程度的支配性，债权还有被整体支配的可能，即"债权物化"。在此，需要注意区分"债权物化"与"债权物权化"，前者指向权利客体，后者聚焦权利效力。"债权物化"是在客体层次上，将债权与狭义的有体物作类比，此时债权的地位就是物权的客体，地位与有体物相同，只是属于不可感知的权利客体或者无体物，因此，被"物化"的债

---

① 参见袁野《"债权物权化"之范畴厘定》，《法学研究》2022 年第 4 期。
② 参见李永军《论我国〈民法典〉中占有的内涵与体系效应》，《当代法学》2024 年第 2 期。

权具有完整的物权性。"债权物化"的典型体现在对新型权利（利益）的保护方面：基于有体物在权利客体中的中心地位，当其他新兴利益需要纳入权利客体范畴并对其进行权利化时，通常的路径是将其与"物"的特征进行比对，从而完成"物化"。① 如在论证碳排放权的准物权属性时，首先阐明碳排放权在客体层面的物化，进而在法律制度层面赋予碳排放权以物权特征，包括确定性、支配性和可交易性。② 持虚拟财产物权说的学者，也多从正面论证虚拟财产具有独立财产价值、特定性、可支配性等物之特性。③

本书认为，物权与债权在"价值"之上可以获得统一，通过权利保护方式的不同进而分立。如学者所言，特定物之上的物权、债权在支配力方面存在共性，区分的依据仅是法律政策安排或当事人的自治授予。④ 因应信息时代和知识经济发展的需求，物权客体呈现价值化的趋向。⑤ 应大胆承认无体物的可支配性，从而把无体物纳入所有权的客体范畴，因为物的可支配性来自物的特定化，而非有体性。⑥ 事实上，随着无体的知识产权等不断在民法解释上作为新的"物"进入物权法调整的范围，所有人对物的支配就更多地强调"价值上的支配"。⑦ 就此而言，一个无体物，若其具备可支配性，

---

① 参见袁野《"债权物权化"之范畴厘定》，《法学研究》2022 年第 4 期。

② 参见王明远《论碳排放权的准物权和发展权属性》，《中国法学》2010 年第 6 期。

③ 参见林旭霞《虚拟财产性质论》，《中国法学》2009 年第 1 期；杨立新、王中合《论网络虚拟财产的物权属性及其基本规则》，《国家检察官学院学报》2006 年第 6 期；王竹《〈物权法〉视野下的虚拟财产二分法及其法律规则》，《福建师范大学学报（哲学社会科学版）》2008 年第 5 期。

④ 参见张鹏《物债二分体系下的物权法定》，《中国法学》2013 年第 6 期。

⑤ 对此，日本学者川岛武宜早就提出"近代所有权之观念性"之说，认为随着近代资本主义的发展，所有权价值的发挥从直接支配转向观念支配，物权客体的有体性仅是作为所有权客体之单纯现象形态，其本质乃是观念上的"价值"，而所有权客体价值化之极端即为货币。转引自谢在全：《民法物权论》（上册），中国政法大学出版社 2011 年版，第 6—7 页。

⑥ 孟勤国：《物的定义与〈物权编〉》，《法学杂志》2019 年第 3 期。

⑦ 参见李国强《财产法体系的解释——〈中华人民共和国民法典〉的财产法逻辑》，北京大学出版社 2022 年版，第 114—115 页。

则究竟成立物权和债权，就是一个技术性问题。正因为如此，针对虚拟财产的法律属性，有学者认为，在权利的保护成本和配置效率方面，将其定位为"物"是更优的选择。[①]

（二）现金货币的法律属性

就现金货币而言，法学通说采物权说，此外还有债权说、独立财产形态说。

虽然《民法典》未明确将货币规定为物，《中国人民银行法》也只规定了人民币的法定货币地位，但现金货币物权说一直处于通说地位。基于传统经济学货币商品论对货币本质的定论，物权说认为，货币是在流通中充当一般等价物的特殊商品。现金以有形的物质为载体，具有独立性和可支配性，因而是一种法律上的物，而且是特殊动产、种类物、典型的消费物。[②] 在我国民法学界，虽然通说认为货币是特殊动产，但多数民法、物权法教科书只在物权客体分类中简单提及货币，对其特殊性的论述一概而过。只有极少数设专题论述货币所有权，如梁慧星、陈华彬所著《物权法》，将货币所有权与善意取得、先占、添附、拾得遗失物并列于所有权特别取得部分，认为货币的所有者与占有者一致，货币的取得与丧失具有特殊性。[③] 在物权说中，少数学者认为，鉴于货币的性质及其权属变动规则与有形之动产存在重大的差异，建议将货币、有价证券为规定为"特种物"，适用特殊的物权变动规则，使货币所有权成为与动产所

---

① 参见许可《网络虚拟财产物权定位的证立——一个后果论的进路》，《政法论坛》2016 年第 5 期；许可《物债二分下的网络虚拟财产权——一个法律经济学的视角》，《人大法律评论》2017 年第 1 期。

② 参见［德］汉斯·布洛克斯、沃尔夫·迪特里希·瓦尔克《德国民法总论》，张艳译，中国人民大学出版社 2014 年版，第 323 页；刘保玉《物权法学》（第二版），中国法制出版社 2022 年版，第 77 页；杨立新、王竹《论货币的权利客体属性及其法律规制——以"一般等价物"理论为核心》，《中州学刊》2008 年第 4 期。

③ 参见梁慧星、陈华彬《物权法》（第七版），法律出版社 2020 年版，第 266 页；刘保玉《物权法学》（第二版），中国法制出版社 2022 年版，第 77 页。

有权、不动产所有权并列的所有权类型。①

债权说则受到经济学界对货币本质反思的影响，认为货币本质上为物化的债权。与一般性的债权相比，货币的债务人为发行货币的公权力机构，货币承载的债权与载体是统一的。② 根据债权说，货币体现国家信用，现金载体即币材仅为映射国家信用的工具，无异于国家担保的债权证券。③ 现金货币和存款货币的本质为信用债权，全然没有物的个性，顶多可以归入"无体物"的范畴，货币的"所有权"仅为对信用债权的所有权，为典型的价值权。④ 因此，货币所有权不过是价值所有权，其所有之实体不过是观念的产物而已，所有权客体价值化之极端即为货币。⑤ 值得注意的是，主张货币债权说的学者并不否定适用动产物权变动规则。如孙宪忠教授就指出，货币的特殊之处在于其权利性质与表现形式之间的巨大差异，其法律本质是以国家特别认定的形式记载、确定并加以保护的债权，但就其形式而言仍然是一种动产，在物权法上是一种特别动产。⑥ 可见，物权说与债权说的根本区别在于对货币本质的认识不同，而这是经济学领域货币本质争议在法学领域的映射，但在法律规则适用上，两种学说并无实质区别。

---

① 参见刘保玉《论货币所有权流转的一般规则及其例外》，《山东审判》2007 年第 3 期。

② 参见金印《论货币作为所有物返还请求权客体的可行性——兼论抛弃"货币占有即所有"原则的必要性》，载龙卫球、王文杰主编《两岸民商法前沿——民法典编纂与创制发展》，中国法制出版社 2016 年版，第 604 页。

③ 参见张淞纶《财产法哲学：历史、现状与未来》，法律出版社 2015 年版，第 217 页。

④ 参见孙鹏《金钱"占有即所有"原理批判及权利流转规则之重塑》，《法学研究》2019 年第 5 期；刘保玉《论货币所有权流转的一般规则及其例外》，《山东审判》2007 年第 3 期。

⑤ 参见谢在全《民法物权论》（上册），中国政法大学出版社 2011 年版，第 6 页脚注。

⑥ 参见孙宪忠《中国物权法总论》（第四版），法律出版社 2018 年版，第 262—263 页。

此外，还有少数观点认为，当代法定信用货币既不同于物，也不同于纯粹的债权或知识产权，而是由法律直接拟制并以国家信用为价值基础的独立财产形式。[①] 该说同样认为，货币"物"之载体并非其本质，货币发展的过程就是其信用的非物质化进程，这是货币本身的属性和技术手段所决定的。该说虽然认识到了货币的特殊性，但在规则适用上并无独立性。《欧洲示范民法典草案》也有类似考量，该草案第 8 卷第 1 章第 101 条将货币排除在"物"的范围，认为已经退出流通的纸币和硬币可以被当作物对待，但是流通中的纸币和硬币只有经过"适当调整"才能适用物的所有权取得和丧失规则。这样做是基于两个方面考虑：一是谨慎认定物的范畴；二是"一开始就将银行账户中的货币和流通中的货币统一考虑并寻求一致的结果可能是更好的办法"。[②] 《欧洲示范民法典草案》回避了关于货币法律属性的争议，但是也认可部分物权变动规则经调整后可以适用于货币，同时还指出，寻求一种针对有形的货币（纸币与硬币）和银行账户中货币"一致的""更适当"的规则可能是更好的解决办法。

应当承认，货币与一般民法上的物具有显著区别。如《人民币管理条例》第二十五条规定："禁止非法买卖流通人民币；纪念币的买卖，应当遵守中国人民银行的有关规定。"可见，流通中的货币不能成为交易的标的，只能作为交易的价值尺度。此外，货币在可替代性上虽然符合种类物的特点，但货币的价值并非来自币材，而是通过社会已经存在的客观交换价值体系换取其他等额财产，这一点

[①] 参见刘少军、王一轲《货币财产（权）论》，中国政法大学出版社 2009 年版，第163—175 页；王一鹤《论支付结算中银行在途资金的权属》，载王卫国主编《金融法学家》第 8 辑，中国政法大学出版社 2017 年版，第 53 页。

[②] 参见欧洲民法典研究组、欧盟现行私法研究组编著，[德] 克里斯蒂安·冯·巴尔、[英] 埃里克·克莱夫主编《欧洲私法的原则、定义与示范规则：欧洲示范民法典草案（全译本）》（第八卷），朱文龙、姜海峰、张琚译，法律出版社 2014 年版，第11—12 页。

与种类物自身在功能上可替代性有很大区别。一般认为，民法上的消费物是指不能重复使用，一经使用即改变原有形态或性质之物。流通性是货币的特殊机能，货币不能由同一人基于同一目的而重复使用，是典型的消费物。①但货币本身并不会因使用而消灭或改变原有形态、性质，只要法律不发生变化，可以永远处于流通之中。故货币的消费属性仅仅是所有权发生变动，将货币视为"种类物""消费物"，无外乎是在现有物权体系中为货币的权属关系找到合适定位。②

本书认为，从与有体物的比较角度不利于认识现金货币的法律属性。如前所述，所有权的客体究竟为有体物还是无体物并不重要，重要的是其中能否成立具有可支配的权利。就现金货币而言，其价值来源于国家信用，类似于债权，但由于其具有可支配性和排他性，基于流通功能、经济效率的考量，应当将其作为民法上的物来对待。因此，货币不是自然之物，而是观念之物、价值之物。换句话说，无论货币的本质是债权、契约还是信用，法律上的货币绝非普通有体物，而是人们在观念上选择将货币作为"物"来对待。正是因为法律的承认和规定，国家信用的保证，货币的债权性才丝毫不影响以对"物"那样的方式，对货币进行占有、使用、收益和处分。从规范效果上说，货币作为物的特殊性其实就是价值上的特定性。

（三）数字货币的法律属性

作为一种新型货币形态，数字货币在法学界引起了热烈讨论。一种观点认为，数字货币是绝对财产权或物权。数字人民币是以数据为载体的现金，属于绝对性财产权，可以适用货币的物权变动规

① 参见梁慧星《民法总论》（第六版），法律出版社 2021 年版，第 163 页；刘得宽《民法总则》（增订四版），中国政法大学出版社 2006 年版，第 151 页。

② 参见李晶《论法定数字货币的法律性质及其监管》，《上海政法学院学报》（法制论丛）2022 年第 2 期。

则。① 也有学者将数字人民币的物权属性诉诸技术上的可控性与物理独立性。② 易言之，"只要能够满足所有权控制与支配要素，具备占有、使用、收益与处分全部内容，并以明确的方式进行权属变动公示，数字货币就能成为所有权的客体"。③ 另一种观点认为，数字货币是债权。尽管法定数字货币是由国家发行的无形财产，但其不是有体物，限于物权法定和"物必有体"原则的约束，数字货币之上不能成立物权，而是权利人对中央银行的特殊债权。④ 第三种观点则认为，法定数字货币既非债权，亦非物权，而是一种综合性的财产。⑤

鉴于数字货币有法定与非法定之分，考虑到货币的国家信用本质，本书仅讨论法定数字货币的法律属性。本书认为，作为法定货币的一种表现形式，法定数字货币虽然在形态上存在特殊性，但无论是从经济学角度还是法律角度，其本质与法律属性都应当与纸币、硬币保持一致，应当属于民法上物的概念范畴，适用特殊动产的物权变动规则。就此而言，法定数字货币的特殊性，不过是一种事实上的特殊性，并不影响其性质上的规范评价。

（四）存款货币的法律属性

与现金货币、法定数字货币相比，学界对存款货币性质的争议较大，主要集中于两个方面：存款货币是不是货币，以及存款人对存款货币享有物权还是债权的问题。

其一，关于存款货币是不是货币的问题，经济学界与法学界看

---

① 参见冯洁语《论私法中数字货币的规范体系》，《政治与法律》2021年第7期。

② 参见李建星《数字人民币私权论》，《东方法学》2022年第2期。

③ 参见赵磊《数字货币的私法意义——从东京地方裁判所2014年（ワ）第33320号判决谈起》，《北京理工大学学报》2020年第6期。

④ 参见杨东、陈哲立《法定数字货币的定位与性质研究》，《中国人民大学学报》2020年第3期。

⑤ 参见李晶《论法定数字货币的法律性质及其监管》，《上海政法学院学报》（法制论从）2022年第2期。

法不一。美国当代著名金融学家迈耶曾指出，"资本主义最重要的发明是创造了对货币的所有权形式，如银行账户、债权、股票等，它们都可以在需要时转换成现金，企业也可据此筹集到所需资金。这些对货币的所有权形式，只要能够很容易变现，就能替代货币作为一种储藏手段"。[①] 在经济学界，鉴于存款货币在现代经济生活发挥着越来越重要的作用，以存款货币为基础的网络支付甚至取代现金支付成为支付结算常态，[②] 主流观点认为存款货币是独立的货币形态，发挥着储藏手段、流通手段的职能。[③] 也存在少数意见认为，货币表示"直接拥有或者已经拥有"，而存款货币表示"可以拥有和即将拥有"，因此存款货币不是货币。[④] 相反地，法学界的主流意见认为，法律意义上的货币是实在的、有形的，而不是契约性的，存款货币仅仅是存款人对银行的请求权;[⑤] 存款不是法律意义上的货币，只是存款人可以要求支付货币的债权。[⑥] 少数意见认可存款货币的货币属性。例如，萨维尼区分抽象货币和具体货币，认为抽象货币是可度量的财产权，是具备价格的一般等价物，存款货币为其典型；而具体货币则是有体性的货币，如现金货币。[⑦] 存款货币是法定

---

① ［美］马丁·迈耶：《大银行家：电子时代的货币、信用与银行》，何自云译，海南出版社 2000 年版，第 23 页。

② 近年来，我国非现金支付业务量稳步增长，支付系统业务金额快速增加。2023 年，银行共处理电子支付业务 2961.63 亿笔，金额 3395.27 万亿元，同比分别增长 6.17% 和 9.17%；非银行支付机构处理网络支付业务 121.23 万亿笔，金额 340.25 万亿元，同比分别增长 17.02% 和 11.46%。参见《2023 年支付体系运行总体情况》，中国人民银行支付结算司 http://www.pbc.gov.cn/zhifujiesuansi/128525/128545/index.html，2024 年 4 月 23 日。

③ 参见张桥云、陈跃军《银行存款：契约性质、微观结构与产品设计》，《金融研究》2009 年第 8 期。

④ 参见周若愚《钱约论：货币的契约本质与货币银行学革命》，中国经济出版社 2016 年版，第 159 页。

⑤ 参见张庆麟《论货币的物权特征》，《法学评论》2004 年第 5 期。

⑥ 参见刘颖《货币发展形态的法律分析——兼论电子货币对法律制度的影响》，《中国法学》2002 年第 1 期。

⑦ 参见冯洁语《论私法中数字货币的规范体系》，《政治与法律》2021 年第 7 期。

货币的衍生形式，体现了银行的信用。①

对此，应当强调，货币集实物与功能双重性于一体只是一个历史现象，货币的功能才是其本质特征，现代社会中的货币早已没有实物概念，只是履行交换功能的载体。货币因其功能而获得价值，成为价值的缔造者和符号表征。西美尔就认为，"货币即价值，或可称为价值的流动"。② 货币作为特殊动产，其特殊之处不仅在于表面上的高度流通性和可替代性，最本质的是货币并非普通意义上的物（动产），而是一种物权化的债权，或者说是一种价值所有权。所以有学者指出，无论是从比较法的角度看，还是从经济学、规范的角度说，将存款货币归为货币均是妥当的。③ 事实上，存款货币的特殊性仅在于，将现金货币、数字货币交由银行占有后，形成了一种新的利用形态，它会影响当事人的权利义务状态，但绝不改变存款货币的属性。

其二，关于存款人对存款货币的权利是物权还是债权的问题。如同对现金货币法律属性的认识一样，学界关于存款人对存款的权利的认识也存在债权说、物权说与"二元"论的分野，只是债权说处于通说地位。债权说认为，存款合同为消费借贷合同，依动产变动规则或者"占有即所有"规则，存款应归银行所有，银行可以完全控制、使用存款并获得赚取利润，而非仅替存款人保管存款。④ 因此，银行享有对存款货币的所有权，存款人仅享有债权。有学者对

① 参见王一鹤《论支付结算中银行在途资金的权属》，载王卫国主编《金融法学家》第8辑，中国政法大学出版社2017年版，第54页；夏尊文《存款货币财产所有权研究》，《北方法学》2011年第5期。

② ［德］西美尔：《货币哲学》，陈戎女、耿开君、文聘元译，华夏出版社2018年版，第7页。

③ 参见冯洁语《论私法中数字货币的规范体系》，《政治与法律》2021年第7期；王一鹤《论支付结算中银行在途资金的权属》，载王卫国主编《金融法学家》第8辑，中国政法大学出版社2017年版，第54页。

④ 参见曹新友《论存款所有权的归属》，《现代法学》2000年第2期。

比较法进行考证后认为，无论大陆法系还是英美法系，存款人对账户资金享有债权是普遍认识。① 就论证而言，也有学者指出"占有即所有"只是表象，存款人享有自由取款权和银行享有货币所有权的深层次原因乃是银行商业上"存短贷长"的负债结构。②

与债权说不同，物权说更加强调货币的价值性，认为存款人在将货币入银行后，对自己的银行账户内货币仍享有所有权，银行作为占有人仅取得使用权。其对债权说批评道，"如果存款人将货币存入银行，其财产的所有权就移转给银行，对存款仅享有债权，而债权又是请求权，其客体是给付，体现的是期待利益，那么谁还敢将货币存入银行？"③ "说一个人对其银行存款没有所有权而只有债权，绝对不符合生活常识。"④ 孟勤国教授也质疑道："除了银行和一些民法学者，谁将自己的银行存款看成是一种债权？"⑤ 因此，存款人将货币存入银行仅使其财产从实物性财产利益转化为价值性财产利益，财产形态的转变并未导致所有权的转移。⑥ "在可识别的前提下，形态不同不影响财产利益的同一性。"⑦ 或者说，存款人将货币存入银行后，仍可随意支取或使用，此种债权已经具有物权特征。⑧

物权说基于物权的价值化趋向，认为存款货币属于价值形态存

---

① 参见李前伦《论银行账户资金的权利属性》，《大连海事大学学报（社会科学版）》2008年第1期。

② 参见陈承堂《存款所有权归属的债法重述》，《法学》2016年第6期。

③ 参见胡吕银《现代物权思维下对公司财产权利结构的新解析》，《法学》2012年第2期。

④ 张里安、李前伦：《论银行账户资金的权利属性——横向公司诉冶金公司、汉口支行案之理论评析》，《法学论坛》2007年第5期。

⑤ 孟勤国：《物权二元结构论——中国物权制度的理论重构》（修订版），法律出版社2020年版，第35页。

⑥ 参见胡吕银《现代物权思维下对公司财产权利结构的新解析》，《法学》2012年第2期。

⑦ 孟勤国：《物权二元结构论——中国物权制度的理论重构》（修订版），法律出版社2020年版，第42页。

⑧ 参见李前伦《论银行账户资金的权利属性》，《大连海事大学学报（社会科学版）》2008年第1期。

在的物，由账户存款人享有所有权，银行享有利用权。① 关于物权说的法律依据，原《民法通则》第七十五条、原《物权法》第六十五条保护私人合法储蓄的规定可为例证，此亦为《储蓄管理条例》第五条所明确："国家保护个人合法储蓄存款的所有权。"此外，在经济学界，更倾向于认为存款人仍保留货币所有权。如有学者认为，"签约后，银行获得对客户资金的使用权，而客户获得资金的占有权、收益权和自由处置权等权利……客户对资金拥有所有权并能自由处置，但为安全、或预防、或支付方便、或盈利、或其他目的而暂时放弃使用权……银行得到资金使用权，但是它对商业银行的真正价值取决于客户对自己出让资金承诺履行的程度，包括出让资金的数额、出让时间的长短"②。也就是说，银行的货币使用权须以存款人能够自由使用货币为前提，而银行承诺无条件偿还本金是对存款人自由使用货币权利的保障。正如英国著名律师西蒙·格里森所言，"对银行账户余额的请求权，是存款者在法律上明确拥有的一种无体物"，只有承认"银行账户里的货币是可以被拥有的物"，关于追回被挪用货币的法律观点才能成立。③

值得注意的是，少数学者提出了基于双重所有论和适用区分论，本书称之为"二元"论。其中，双重所有论又有两种不同看法。第一种观点主张，应借鉴英美法系信托制度构建双重所有权，由银行对存款货币享有管理权处分权和收益权，而存款人则享有部分收益权和物权请求权。④ 第二种观点认为，存款货币具有二元属性，存款人和银行都对账户上存款货币享有使用权，存款人可以合法处分，

---

① 张里安、李前伦：《论银行账户资金的权利属性——横向公司诉冶金公司、汉口支行案之理论评析》，《法学论坛》2007 年第 5 期。

② 张桥云、陈跃军：《银行存款：契约性质、微观结构与产品设计》，《金融研究》2009 年第 8 期。

③ ［英］西蒙·格里森：《货币的法律概念》，张铮译，上海人民出版社 2022 年版，第 18 页。

④ 参见谢华宁、潘悦《以信托为鉴，重构存款所有权》，《黑龙江省政法管理干部学院学报》2005 年第 5 期。

银行可以合法利用。① 适用区分论则主张按照存款货币的不同用途分别界定其性质。应当区分银行结算账户与存款账户，当存款人以结算为目的时所有权不发生转移，而存款人以获取货币保值、增值为目的时所有权则转移至银行。② 或者说，提取现金系存款人行使债权的体现，而直接用存款货币进行交易、结算则是行使所有权，此时银行的协助体现出存款人同时享有债权。③ 这也得到了龙俊教授的支持：存款虽然本质上是债权，但其具备货币的本质特征，应将其视为特殊动产进而准用动产规则，但此种性质仅限于在存款人与开户行之外的交易主体之间；在存款人与开户行之间仍然认为存款货币为债权，唯此才能妥善解决抵销、破产等问题。④ 还有学者虽然强调存款人付款请求权属于债权请求权，但同时认识到了此种请求权的特殊性，主张以此种特殊财产为客体的银行账户担保"本质上属于物权担保"⑤，实际上间接承认了存款人权利的物权属性。

本书认为，基于对存款货币是独立货币形态的认识，对存款货币应当采取与现金货币相同的性质定位，但在具体的权利归属及流转规则上又有其特殊性。对此，双重所有论、适用区分论观点虽属少数派且认识不统一，但却指出了问题的关键所在，对正确认识存款货币的权属及规则适用具有重要的启发意义。对此，下文将展开详细论证。

第二节 货币"占有即所有"规则的适用范围

虽然没有明确的立法支持，但"占有即所有"作为货币的归属、

---

① 参见刘少军、王一轲《货币财产（权）论》，中国政法大学出版社 2009 年版，第133 页。

② 参见周显志《论货币所有权》，《河北法学》2005 年第 9 期。

③ 参见夏尊文《存款货币财产所有权研究》，《北方法学》2011 年第 5 期。

④ 参见龙俊《民法典时代保证金的双重属性》，《法学杂志》2021 年第 4 期。

⑤ 耿林：《论银行账户担保》，《法学杂志》2022 年第 6 期。

流转规则，仍然被我国民法学界、实务界奉为圭臬。但近年来学界对"占有即所有"规则多有反思、批判之作。本节的任务是从历史源流和学说争议角度，分析货币"占有即所有"规则的适用范围。

一 货币"占有即所有"规则的概念源流

一般认为，货币"占有即所有"规则起源于德国学说，发展并确立于日本，现已成为我国通说。[①]

（一）货币"占有即所有"规则的德国起源

德国通说认为，依据《德国民法典》第 90 条、第 929 条的规定，货币作为动产，它的流通也应遵循一般动产的物权变动原则，即所有权转移需要满足合意和交付两个条件。[②] 易言之，在不存在所有权移转合意的情况下，即便货币所有权人丧失对货币的占有，但并不丧失所有权。而且人们同时认为，货币具有流通性并不抹杀其特定性。在货币未发生混合的情况下，原权利人仍然可以主张物权性返还请求权，只是基于交易观念和诚实信用原则的考量，返还义务人可以通过同等价值的货币代物清偿。[③] 如果货币被混合或者兑换，即使变形之后的货币数额或者流向依然确定，原所有权人也丧失所有权。当然，基于添附规则，双方可以对货币的混合成立共同所有权，任何一方享有单方分割权。[④]

此外，根据《德国民法典》第 1006 条第 1 款，即使是被盗、遗

---

① 参见冯洁语《论私法中数字货币的规范体系》，《政治与法律》2021 年第 7 期。

② 参见［德］曼弗雷德·沃尔夫《物权法》，吴越、李大雪译，法律出版社 2004 年版，第 236 页。

③ 参见冯洁语《论私法中数字货币的规范体系》，《政治与法律》2021 年第 7 期。

④ 参见金印《论货币作为所有物返还请求权客体的可行性——兼论抛弃"货币占有即所有"原则的必要性》，载龙卫球、王文杰主编《两岸民商法前沿——民法典编纂与创制发展》，中国法制出版社 2016 年版，第 608 页；冯洁语《论私法中数字货币的规范体系》，《政治与法律》2021 年第 7 期。

失或者其他占有脱离的货币，现时占有人亦被推定为所有人，第三人可以基于善意取得规则取得盗赃货币所有权。该条规范并非是通过占有终局地认定所有权，只是法律上的事实推定：针对取得占有的时刻的推定，并且根据经验法则，推定该所有权状态从该时刻延续到当前。[①] 这在很大程度上降低了货币返还的可能性，以保护交易安全。值得注意的是，德国法原则上不承认脱手物的善意取得，[②] 此即德国法上善意取得的有因性要件，唯独货币构成例外。这表明，虽然德国法通说未采纳货币"占有即所有"规则，但其仍然通过例外的形式限制货币对动产流转规则的适用。这反过来也可以说明货币"占有即所有"规则的合理性，即便不是完全意义上的。

在通说之外，德国法上还存在"限制性的占有即所有"说和物权性价值返还请求权说。1937 年，德国学者马克斯·卡塞尔在《民法实务档案》上发表《物权法上的货币》一文，文章指出，"基于货币的高度流通性，权利人转移货币的所有权只需要自然的意思能力即可，而无须以行为能力为必要，从而简化基于法律行为发生货币所有权变动的要件"。[③] 卡塞尔本人认为，该规则有适用前提，即只适用于依法律行为转让货币所有权的情况，法律行为之外占有的变动（如盗窃、骗取等）并不当然导致货币所有权之转移。[④] 据此，在法律行为中，即便当事人不存在移转物权的合意（如因行为能力

---

① 参见庄加园、李昊《论动产占有的权利推定效力——以〈德国民法典〉第 1006 条为借鉴》，《清华法学》2011 年第 3 期。

② 参见［德］迈克尔·考特《新〈中国民法典分则〉以及〈德国民法典〉中的动产善意取得——法律比较》，王轶译，载宋晓主编《中德法学论坛》第 18 辑下卷，南京大学出版社 2022 年版，第 25 页。

③ Vgl. Kaser, *Das Geld im Sachenrecht*, AcP 143（1937）1 ff. 转引自朱晓喆《存款货币的权利归属与返还请求权——反思民法上货币"占有即所有"法则的司法运用》，《法学研究》2018 年第 2 期。

④ 参见金印《论货币作为所有物返还请求权客体的可行性——兼论抛弃"货币占有即所有"原则的必要性》，载龙卫球、王文杰主编《两岸民商法前沿——民法典编纂与创制发展》，中国法制出版社 2016 年版，第 607—610 页。

欠缺导致合意不存在），货币所有权仍发生移转，占有人取得货币所有权，这就突破了德国法上的物权行为理论。至于法律行为之外的占有变动，则因行为人意思（即便是自然的意思）欠缺，并不导致所有权的变动。当然，若符合货币善意取得的要件，第三人仍可取得货币，即便货币是脱手物的情形。一般所谓货币"占有即所有"规则的起源，即指此说。

与"限制性的占有即所有"说对占有人的限制相类似的，还有物权性价值返还请求权说。该说认为，货币返还请求权的标的并非有体货币本身而是货币之价值，价值载体特定性的丧失并不必然导致价值特定性的丧失，但占有人以所有人丧失之货币或混合后的货币取得代位物或货币消费寄托债权，价值特定性即丧失。[1] 价值返还请求权说超越了所有权返还请求权的确定性原则，实际上受到了优先权学说的影响，侧重于货币原所有人的利益。[2]

（二）货币"占有即所有"规则的日本发展

围绕货币返还之诉的问题，早期日本判例经历了从"物权"说向"价值"说的转变。[3] 物权说认为，货币为动产，应适用动产物权变动规则，欺诈或窃取他人货币的，货币所有权不发生转移；即使法律行为被确认无效或被撤销时，货币所有权原则上不发生转移；但物权返还请求权应当以占有人仍占有该特定货币为前提，货币发生混合或被善意取得时原所有人丧失所有权。[4] 物权说与德国通说观

---

① 参见其木提《货币所有权归属及其流转规则——对"占有即所有"原则的质疑》，《法学》2009 年第 11 期。

② 参见金印《论货币作为所有物返还请求权客体的可行性——兼论抛弃"货币占有即所有"原则的必要性》，载龙卫球、王文杰主编《两岸民商法前沿——民法典编纂与创制发展》，中国法制出版社 2016 年版，第 611 页。

③ 参见孙鹏《金钱"占有即所有"原理批判及权利流转规则之重塑》，《法学研究》2019 年第 5 期。

④ 参见其木提《货币所有权归属及其流转规则——对"占有即所有"原则的质疑》，《法学》2009 年第 11 期。

点一致。

后经川岛武宜、末川博等民法学者介绍，卡塞尔的学说传到日本，发展出完全的"占有即所有"理论，逐渐成为日本通说。随着实践的检验，日本学界出现了对完全没有例外的"占有即所有"理论的批判和修正，包括存在例外的"占有即所有"、只适用于货币充当流通媒介场合的限制性"占有即所有"以及物权性价值返还请求权说。①

与德国法上的物权性价值返还请求权说类似，日本也有学者认为，货币之上存在"物所有权"和"价值所有权"，二者可以分离。"现金的价值"归属者未基于其意思而失去现金占有的场合，现金的"物"的所有权归属于占有人，价值归属者手中保留着价值所有权，为了实现该价值所有权，得向"物"的所有人行使事实上的"物权价值返还请求权"，前提是价值存在同一性或特定性。盗窃的现金如果在占有人处维持了特定性、识别性，也应当认可物权返还请求权。② 此外，还有不论物权的性质而认可债权请求权的优先效力，以及将优先效力放在信托法理下的讨论，越来越多的学者认识到有必要赋予被骗取人的返还请求权以优先的地位。

（三）货币"占有即所有"规则的我国继受

日本"占有即所有"理论引入我国成为通说。我国学者在论述"占有即所有"规则的原因和必要性时，大部分都援引了郑玉波在《从法律观点看货币所有权》一文中的主张：货币之所以需要采用"占有即所有"，是因为货币旨在流通且不具有个性，如果承认在占有之外仍存在其他支配，这点难以想象；货币参与商品流通，并非

---

① 参见其木提《货币所有权归属及其流转规则——对"占有即所有"原则的质疑》，《法学》2009 年第 11 期。

② 参见其木提《货币所有权归属及其流转规则——对"占有即所有"原则的质疑》，《法学》2009 年第 11 期。

是以自身价值为基础而进行的"等价值交换",而是以国家信用及强制力为基础而进行的"等价交换"。因此,可以不问货币的现时占有人取得原因为何、有无正当权利,而直接认定占有人为所有权人;出于货币流通性的要求,如果在交易中货币占有与所有可得分离,则势必会造成货币受让方逐一调查货币给付方是否具备所有权,这样是对货币流通机能的损耗,同时也有碍交易安全。① 但在立法上,我国台湾地区有关民事法律关系的规定并未明确规定货币"占有即所有",仅规定了脱手物货币适用善意取得制度的特殊规则,即不同于一般的盗赃物、遗失物或其他非基于原占有人之意思而丧失占有之物,货币之原所有权人不得向善意受让之现占有人请求回复。也就是说,如果货币现占有人并非善意,原权利人仍然可以请求回复所有权。

值得注意的是,近年来,我国民法学者对该规则多有反思,主要有限制适用、彻底抛弃等不同观点(详见本节第二部分)。但最高人民法院一再强调,除法律、司法解释规定的保证金账户质押等特殊情形外,一般不得排除"占有即所有"规则的适用。② 不过,仍有大量判决认为在符合款项特定化的前提下,实际权利人的权利足以排除强制执行,或认为通过银行转账的款项不同于传统货币,不

---

① 参见梁慧星、陈华彬《物权法》(第七版),法律出版社 2020 年版,第 266 页;朱晓喆《存款货币的权利归属与返还请求权——反思民法上货币"占有即所有"法则的司法运用》,《法学研究》2018 年第 2 期;其木提《货币所有权归属及其流转规则——对"占有即所有"原则的质疑》,《法学》2009 年第 11 期;刘保玉《论货币所有权流转的一般规则及其例外》,《山东审判》2007 年第 3 期。

② 参见最高人民法院民事审判第一庭编《民事审判指导参考》2018 年第 3 期,人民法院出版社 2018 年版,第 243 页;《案外人不能以被执行人账户中的资金系其误汇为由排除强制执行》,"最高人民法院民一庭"微信公众号,2022 年 1 月 24 日,https://mp. weixin. qq. com/s/-UjTVOPnLHmPVZlspRZSEA,2024 年 6 月 4 日;《账户借用人不能排除强制执行》,"最高人民法院民一庭"微信公众号,2022 年 2 月 8 日,https://mp. weixin. qq. com/s/cTs-HjgmgoxZTlmLPubHjw,2024 年 6 月 4 日。

能适用"占有即所有"规则。①

由此可见，我国民法采纳的货币"占有即所有"规则，深受日本民法影响。但该规则无论在大陆法系还是英美法系，都并非普遍适用，或者说至少存在适用范围上的限制，该规则在存款货币中的应用也有待进一步研究。

二 货币"占有即所有"规则的范围限缩

在概念内涵上，我们通常理解的货币"占有即所有"规则在适用范围上其实是无限制的。但学界对此多有反思，形成了限制适用说、彻底否认说两种主张，体现了适当限缩货币"占有即所有"规则适用范围的学说趋势。

（一）通说的形成

关于货币适用"占有即所有"规则的原因，通说一般指向货币的高度流通性、可替代性以及由此产生的保障交易安全和效率的需要。货币"占有即所有"规则源于货币的高度流通性和可替代性，旨在维护货币流通安全性和效率之目的：货币作为一般等价物、消费物，具有高度的可替代性，其个性常不重视，等量的货币之间可以随意兑换；货币的本质就在于等额货币可以相互替代，货币特定化之后便丧失了本质属性。② 货币贵在流通，本身存在辨识困难的问

---

① 参见最高人民法院（2020）最高法民再 221 号民事判决书；最高人民法院（2020）最高法民申 2890 号民事判决书；广西壮族自治区高级人民法院（2022）桂民终 909 号民事判决书；江苏省无锡市中级人民法院（2022）苏 02 民终 3285 号民事判决书；湖北省荆门市中级人民法院（2022）鄂 08 民终 1524 号民事判决书；辽宁省大连市中级人民法院（2022）辽 02 民终 6460 号民事判决书；浙江省宁波市江北区人民法院（2022）浙 0205 民初 4432 号民事判决书。

② 参见梁慧星《民法总论》（第六版），法律出版社 2021 年版，第 163 页；王利明《物权法研究（第四版）》（上卷），中国人民大学出版社 2016 年版，第 482 页；李锡鹤《作为种类物之货币"占有即所有"无例外吗——兼论信托与捐赠财产的法律性质》，《法学》2014 年第 7 期。

题，为保障交易的顺畅展开，有必要赋予对货币及有价证券占有的绝对公信力。[①] 但也有学者认为，货币"占有即所有"的原因是因为货币仅有交换价值而无使用价值，故区别于一般动产可以实现所有和占有分离，货币只能是所有权与占有合一，所谓"货币之所在，即其价值之所在"。[②]

在物权变动中，无论采取物权形式主义还是债权形式主义，所有权转移都需要原权利人转移所有权的意思，区别仅在于是否具有直接转移所有权的独立意思。但这对货币这种特殊的物并不适用，因为后者存在广为人知的"占有即所有"规则，该规则强调对货币的事实管控的核心地位，排除了当事人意思的决定性地位。[③] 具体而言，该规则的内涵包含如下几个方面：一是货币所有权的取得与丧失均以占有事实为直接依据，不论占有事实是否合法，占有遗失、被盗窃的货币也取得所有权；且占有只可能是直接占有，而非间接占有。[④] 易言之，货币以占有（或者持有）"确定"而不是"推定"占有人的所有权。[⑤] 二是货币所有权的取得与丧失无须考虑权利人的意思表示。在民法上意思能力是行为能力的基础，[⑥] 不以行为人的意思为要件意味着无须考虑行为人是否具有行为能力。即便行为人无行为能力，直接占有货币者亦取得货币所有权。三是以货币为标的的借用合同、保管合同，直接产生由借用人或保管人取得货币所有

---

① 参见叶金强《公信力的法律构造》，北京大学出版社 2004 年版，第 154 页。

② 参见张庆麟《论货币的物权特征》，《法学评论》2004 年第 5 期。

③ 参见金印《论货币作为所有物返还请求权客体的可行性——兼论抛弃"货币占有即所有"原则的必要性》，载龙卫球、王文杰主编《两岸民商法前沿——民法典编纂与创制发展》，中国法制出版社 2016 年版，第 604 页。

④ 参见孙鹏《金钱"占有即所有"原理批判及权利流转规则之重塑》，《法学研究》2019 年第 5 期。

⑤ 参见孙宪忠《中国物权法总论》（第四版），法律出版社 2018 年版，第 263 页。

⑥ 参见常鹏翱《意思能力、行为能力与意思自治》，《法学》2019 年第 3 期。

权的法律效果。[①] 四是由于货币占有人即是所有权人，故对货币而言无返还原物请求权、占有回复诉权、善意取得之适用余地，丧失货币所有权的人只能根据合同关系、不当得利制度或侵权责任制度获得债权性救济。

（二）限制适用说

虽然通说意义上的"占有即所有"规则是缺乏例外的普遍规则，但司法实践并未予以完全贯彻，学理上也不乏应予限制适用的学说。就司法实践而言，依照《最高人民法院关于适用〈中华人民共和国民法典〉有关担保制度的解释》（以下简称《担保制度司法解释》）第七十条第一款、《最高人民法院关于人民法院能否对信用证开证保证金采取冻结和扣划措施问题的规定》第一条、《最高人民法院关于审理独立保函纠纷案件若干问题的规定》第二十四条第一款、《商业银行资本管理办法》以及《证券公司监督管理条例》《最高人民法院关于冻结、扣划证券交易结算资金有关问题的通知》的规定，为担保之目的将货币以特户、封金、保证金形式特定化，债权人虽然占有货币但只有优先受偿权而无所有权。如信用证开证保证金、证券期货交易保证金、银行承兑汇票保证金、质押保证金、基金托管专户资金、客户证券交易结算资金等金融账户专项资金与其他资金区别开来，人民法院一般不得对其冻结、划拨。

就学理而言，持限制适用说者主张区分具体法律关系或纠纷类型，以决定是否适用"占有即所有"规则。如刘保玉教授、李锡鹤教授认为，辅助占有、信托、行纪等特殊法律关系可以构成例外。[②] 朱晓喆教授认为，在符合特定化的前提下，"占有即所有"并不能击

---

① 参见梁慧星《民法总论》（第六版），法律出版社 2021 年版，第 163 页。
② 参见刘保玉《论货币所有权流转的一般规则及其例外》，《山东审判》2007 年第 3 期；李锡鹤《作为种类物之货币"占有即所有"无例外吗——兼论信托与捐赠财产的法律性质》，《法学》2014 年第 7 期；周显志、张健《论货币所有权》，《河北法学》2005 年第 9 期。

破现金货币原物返还请求权。[①] 此外，房绍坤教授认为，继承开始后到遗产分割前，继承人对遗产共同共有。[②] 据此，遗产分割前的货币也无法适用"占有即所有"规则。

在限制适用说看来，货币"占有即所有"规则适用的前提是货币充当商品交换的媒介，即须在流通过程中。在以封金、保证金、专用资金等特定化的账户使存款具有可识别性，或因继承、基于公法上行为导致货币流转时，货币因特定化或法律上的原因而暂时不能流通，故不适用"占有即所有"规则。

（三）彻底否认说

在限制适用说之外，通说面临的另一个挑战是彻底否认说。该说认为，"占有即所有"规则并无制定法依据，贬低了当事人意思在物权流转中的地位，极大地损害了原权利人利益；货币流通不能压倒一切，适用一般动产物权变动规则并设立特殊善意取得规则，同样可以达到维护货币高度流通性和交易安全的目的。[③] 就货币如何适用动产物权变动规则而言，又区分为两种情形：一是当基于法律行为而发生占有货币时，货币所有权依权利人之意思而移转，且只要处分行为有效成立，即便负担行为因种种原因不发生效力，均不妨碍货币所有权之移转；二是当基于法律行为之外的事实而占有他人货币时，原权利人并无转移货币所有权之意思，不能将其权利降格为债权。[④]

---

① 参见朱晓喆《存款货币的权利归属与返还请求权——反思民法上货币"占有即所有"法则的司法运用》，《法学研究》2018 年第 2 期。

② 参见房绍坤《论遗产共有的类型定位》，《求索》2022 年第 2 期。

③ 参见金印《论货币作为所有物返还请求权客体的可行性——兼论抛弃"货币占有即所有"原则的必要性》，载龙卫球、王文杰主编《两岸民商法前沿——民法典编纂与创制发展》，中国法制出版社 2016 年版，第 602 页。

④ 参见孙鹏《金钱"占有即所有"原理批判及权利流转规则之重塑》，《法学研究》2019 年第 5 期。

（四）本书立场

本书认为，在我国法制下，彻底否认说主张比照德国法，按照一般动产物权变动规则即可解决货币物权变动并不现实：由于我国法不承认物权行为的无因性，债权合同无效、被撤销会影响物权变动的效力，将动产物权变动规则适用于货币并不科学。而若承认货币上物权行为的无因性，则无异于承认了货币"占有即所有"规则，只不过范围上应受限制而已。一言以蔽之，货币"占有即所有"规则自有其意义。完全否认说虽然将货币所有权变动体系化地纳入动产物权变动规则，更加注重对原权利人利益的保护，但需要以承认物权行为无因性和盗赃货币可善意取得为前提。也就是说，只要更加科学地规范限制适用"占有即所有"规则的情形，在现行规范法体系下同样可以实现保护原权利人的目的。

虽然既有学说以货币是否处于流通作为限制适用该规则的标准，司法实践也将"特定化"作为排除适用的条件，但尚未触及问题的关键——对权利人意思的尊重和保护。本书认为，正确适用"占有即所有"规则应当把握以下三个要点。

其一，"占有即所有"规则的要义在于打破一般动产物权变动规则的有因性，从而维护货币基于高度流通性而承载的交易安全价值。此种安全价值的存在，也意味着货币的原所有权人在正常的交易行为（当事人存在移转货币所有权的合意）中承担更多的风险，即便债权合同存在瑕疵而丧失效力，亦不得恢复其所有权。

其二，"占有即所有"应当受到当事人意思的限制。这就意味着，只有基于转移所有权意思而转移货币占有的行为，才可适用该规则；缺乏转移所有权意思而发生货币占有变动的，是否适用还应考量其他因素。特殊之处在于，意思的作出无须以当事人具有完全行为能力为前提，亦即，要求具有移转货币所有权的意思并不意味着承认存在独立的物权行为。

其三，基于货币的高度流通性，在非基于转移所有权合意而发生货币占有变动的情形，要以是否存在价值特定性来判断原权利人所有权是否丧失。妥当的处理是，若存在替代物，则因替代物的存在不丧失货币的价值特定性，故所有权不发生移转；若货币发生了混合，则基于添附的混合规则，可成立按份共有；但若混合后的货币丧失价值特定性（如被消耗），则有善意取得的适用空间，且货币为盗赃物亦不例外（本书第四章第三节将作进一步讨论）。

第三节　存款货币"占有即所有"的实践难题

随着网络电子支付和结算手段的兴起，存款货币大有取代现金货币之势，存款货币能否以及如何适用"占有即所有"规则就实质上成为学术争议的主要问题。事实上，无论在日本还是中国，司法实务对该规则的适用都有泛化趋势。[1] 但理论界仍有不同意见，肯定说则将存款货币与现金货币一体对待，认为"准占有"与有体物占有的法效果并无不同，可适用相同规则；[2] 否定说认为存款货币本质是债权而不能被"占有"，故无适用该规则之余地。[3] 本书赞同第一种立场，因为货币的本质即信用，其法律性质则为物化的债权，同时，存款货币占有人亦取得某种支配权。

但是，存款货币的流转不是单纯的货币所有权移转，还涉及存

---

① 关于日本对存款货币适用"占有即所有"规则的判例，参见孙鹏《金钱"占有即所有"原理批判及权利流转规则之重塑》，《法学研究》2019 年第 5 期。我国法院适用"占有即所有"规则处理存款货币归属的判决数不胜数，如最高人民法院（2017）最高法民申 322 号民事裁定书、最高人民法院（2015）最高法民提字第 189 号民事判决书等。

② 参见孙鹏《金钱"占有即所有"原理批判及权利流转规则之重塑》，《法学研究》2019 年第 5 期。

③ 参见朱晓喆《存款货币的权利归属与返还请求权——反思民法上货币"占有即所有"法则的司法运用》，《法学研究》2018 年第 2 期；其木提《错误转账付款返还请求权的救济路径——兼评最高人民法院（2017）最高法民申 322 号民事裁定书》，《法学》2020 年第 2 期。

款人与银行对货币的利益分配问题。按照通说的理解，存款人将货币存入银行后，银行即依 "占有即所有" 规则独自占有货币并进而取得所有权。但此种主张将面临两个方面的诘问：一方面，如前所述，货币 "占有即所有" 不具有普适性，而是有其限制条件，如果当事人在转移占有时缺乏移转货币所有权的意思，银行也不能取得货币的所有权，而存款人不存在移转货币所有权意思的解释更契合当事人本意；另一方面，存款货币作为强调价值特定性的无体物，存款人基于账户建立的对存款货币的控制，为何不会产生占有的规范效果？

本质上，上述诘问源自存款货币债权构造的不合理。对于存款货币债权构造的问题，本书将在接下来的第二章围绕存款货币的交易关系展开多维分析。本节的任务是，在涉及第三人行为的法律关系中描述存款货币适用 "占有即所有" 规则导致的实践难题。我们可以将其作为一个侧面、一个事实，来思考存款货币债权构造产生的体系问题。在司法实践中，当涉及第三人行为时，存款货币 "占有即所有" 导致的实践难题涉及两个层次：一是基于占有事实的认定，即如何判断货币的占有主体的问题；二是基于占有效果的争议，即货币归银行所有能否妥当解释三方关系的问题。前者如借用账户问题、错误汇款问题，后者如偷换二维码问题、银行卡盗刷问题。

一 基于占有事实的认定难题

在通说的语境下，存款货币的占有主体仅限于银行，存款人则失去了占有身份。但基于账户的存在，存款人似乎仍处于某种支配地位，且在借用账户、错误汇款的情形下，会发生如何认定支配主体的问题。虽然通说不认为存款人的此种支配地位构成占有，但本书持肯定立场（将在第二章专门讨论）。而司法实践关于借用账户、错误汇款案件的处理办法，也从另一个角度印证了将存款人的支配理解为占有的必要性，故本书将其归为占有的事实认定问题。

（一）借用账户问题

虽然《银行账户管理办法》第三十四条、第三十七条①以及《人民币银行结算账户管理办法》第六十五条②等规定均禁止出租、转让、借用银行账户，但实践中基于借用资质、合作或者挂靠、委托收款、监管资金等原因，存在借用账户或者共管账户的普遍现象。③ 由于借用账户造成账户名义持有人与资金实际归属不一致，是司法实践中账户类纠纷的重要原因，涉及的案件类型有所有权确认纠纷、买卖合同纠纷、委托理财纠纷等，但最多的是第三人提起的执行异议之诉。

对于借用账户协议的效力，法院多认为上述《银行账户管理办法》等并非法律或行政法规，出借银行账户的行为即使违反了上述规定，也只属于违规行为，在不具有合同无效的情形下，应认定协议合法有效。如在"江苏国源动力设备有限公司、南京国源机械配件有限公司与南京高速齿轮制造有限公司不当得利纠纷案"中，法院认为账户出借行为虽有违中国人民银行《银行结算账户管理办法》的规定，但因本案涉及的系双方间关于借用账户中的资金结算问题，

---

① 《银行账户管理办法》第三十四条规定："存款人的账户只能办理存款人本身的业务活动，不得出租和转让账户。"第三十七条规定："存款人违反本办法第三十四条规定的，除责令其纠正外，按规定对账户出租、转让发生的金额处以罚款，并没收出租账户的非法所得。"

② 《人民币银行结算账户管理办法》第六十五条第一款第四项规定："存款人使用银行结算账户，不得有下列行为：……（四）出租、出借银行结算账户。"

③ 参见"徐州市国盛控股集团有限公司、海南盛元投资有限公司与海南盛鼎实业有限公司所有权确认纠纷案"，最高人民法院（2020）最高法民再221号民事判决书；"江苏国源动力设备有限公司、南京国源机械配件有限公司与南京高速齿轮制造有限公司不当得利纠纷案"，最高人民法院（2020）最高法民申2890号民事判决书；"中油长运渤海石油化工（大连）有限公司与景德镇景禹新能源开发有限公司、江西煤炭储备中心有限公司等执行异议纠纷案"，最高人民法院（2018）最高法民终873号民事判决书。

应以双方间的通常交易模式对其各自权利义务予以规制。①

此外，根据借用人对账户控制程度的不同，借用账户可以分为以下三种情形：一是仅借用开户人账户，借用人不掌握存款账户凭证和密码，如张奎权诉王化东、张元君案外人执行异议之诉一案；②二是借用开户人账户，且借用人掌握存款账户凭证和密码，如李海川诉李豪执行异议之诉一案；③三是直接以账户名义人之代理人的身份开立银行存款账户，并且独自设置和掌握银行存款账户的账户凭证和密码，如徐州市国盛控股集团有限公司、海南盛元投资有限公司与海南盛鼎实业有限公司所有权确认纠纷案。④

实践中，此类案件法院裁判理由基本一致，即认为货币作为商品交换的一般等价物，流通性系其基本属性，一般情况下遵循"占有即所有"的原则。但是对占有主体的认定存在不同意见，主要有形式认定和实质审查两种标准。

1. 形式认定标准

所谓形式认定标准，系指除法律法规规定的特殊账户外，账户户主信息系账户内存款货币归属的唯一判断标准，存款货币一旦进入账户即为合法交付，开户人基于占有事实而享有所有权，案外人仅对开户人享有债权请求权。⑤该说的法律依据主要是《最高人民法院关于人民法院办理执行异议和复议案件若干问题的规定》第二十五条第一款第三项的规定，即对银行存款和存管在金融机构的有

---

① 参见最高人民法院（2020）最高法民申 2890 号再审民事判决书。类似观点参见"天津市亿达化工销售有限公司与秦皇岛市兴业达经贸有限公司、大连京港石化有限公司执行异议纠纷案"，最高人民法院（2013）民申字第 1719 号民事判决书。
② 参见吉林省辽源市中级人民法院（2019）吉 04 民终 49 号民事判决书。
③ 参见河南省高级人民法院（2021）豫民再 52 号民事判决书。
④ 参见最高人民法院（2020）最高法民再 221 号民事判决书。
⑤ 参见王毓莹《执行异议之诉中账户资金的排除执行问题》，《人民法院报》2017年 11 月 1 日第 7 版。

价证券，按照金融机构和登记结算机构登记的账户名称判断；有价证券由具备合法经营资质的托管机构名义持有的，按照该机构登记的实际投资人账户名称判断。此外，中国人民银行《支付结算办法》第十六条第二项也规定了"谁的钱进谁的账，由谁支配"的原则。

根据上述规定，法院对此类案外人异议案件遵循形式审查和外观主义审查原则，认为账户内的资金应属账户开立人所有，借用账户协议不能对抗第三人。① 在"李海川、李豪执行异议纠纷案"中，河南省高级人民法院也从权利外观的角度进行了论证，"银行账户作为货币占有的一种表现形式，确定其权属时亦应遵循保护不特定第三人的利益和维护商业交易安全及金融秩序的原则，否则容易造成金融秩序的紊乱，不利于监管，亦不利于诚信社会的建立"。当事人借用账户收取工程款项的约定只能对双方产生约束力，对第三人而言案涉账户内存款货币仍为开户人创荣公司所有。② 最高人民法院民一庭亦明确采纳此种观点，认为借用人违规借用账户的风险应当自行承担。

2. 实质审查标准

实质审查标准认为，原则上应当根据账户户主信息判断货币所有权归属，但综合案涉账户的开立目的、资金来源、实际控制、流转过程等事实，如果能够确认账户内资金符合"特定化"的要求，或有相反证据排除占有人和账户户主的所有权时，相反证据也是确认货币所有权的依据。③ 在不涉及第三人的情况下，法院一般根据资

---

① 如"天津市亿达化工销售有限公司与秦皇岛市兴业达经贸有限公司、大连京港石化有限公司执行异议之诉案"，最高人民法院（2013）民申字第 1719 号民事判决书；"新泰青云购物中心有限公司、山东新能源电力设备有限公司执行异议之诉纠纷案"，山东省泰安市中级人民法院（2020）鲁 09 民终 2228 号民事判决书。
② 参见河南省高级人民法院（2021）豫民再 52 号民事判决书。
③ 如"威海大业混凝土制品有限公司、李永铸等案外人执行异议纠纷案"，最高人民法院（2017）最高法民申 4823 号民事判决书。

金流转情况确定实际权属。如在"卢军民诉淡雪绒案外人执行异议纠纷案"中，法院认为，案涉 20 万元是淡雪绒购买的理财产品到期后取出的款项，且存折、密码均由淡雪绒持有，综合资金来源、当事人关系，认定淡雪绒与被执行人邓峰之间系保管合同关系，以邓锋名义存入的 20 万元存款应属淡雪绒所有，不属于被执行人邓锋的责任财产。① 又如，在"徐州市国盛控股集团有限公司、海南盛元投资有限公司与海南盛鼎实业有限公司所有权确认纠纷案"中，法院确认案涉账户虽然是以盛元公司名义开立，但实际是由国盛公司前身徐州证券公司实际提交开户材料并开户、实际控制并使用，案涉存款货币来源于徐州证券公司的国债资金，应当属于徐州证券公司即国盛公司所有。②

在涉及案外人的情况下，法院也没有机械适用《最高人民法院关于人民法院办理执行异议和复议案件若干问题的规定》第二十五条的规定，而是根据实际情况判断账户所有人是否实际控制了账户内存款货币。如在"中油长运渤海石油化工（大连）有限公司与景德镇景禹新能源开发有限公司、江西煤炭储备中心有限公司等执行异议纠纷案"中，中油长运公司与景禹能源公司系合作关系，按照合同约定由中油长运公司提供资金，中油长运公司向景禹能源公司开立的专户中汇入货款，但因该账户被江西煤炭储备中心有限公司申请冻结，中油长运公司与景禹能源公司之间的合作协议不能继续履行。法院认为，景禹能源公司尚不享有请求分配利润的权利，未取得对案涉账户内资金的控制和支配的权利，不享有实体民事权利，仅负有保证专款专用的义务，并非其责任财产。③

除法律法规规定的特殊账户外，实践中还有法院根据资金来源、

---

① 参见陕西省商洛市中级人民法院（2019）陕 10 民终 273 号民事判决书。
② 参见最高人民法院（2020）最高法民再 221 号民事判决书。
③ 参见最高人民法院（2018）最高法民终 873 号民事判决书。

特定目的、实际控制情况，认为特定专用账户中的货币也不宜简单适用"占有即所有"规则，而是根据当事人的特殊约定以及相关法律规定来判断资金权属。如在"张掖市临泽县生源小额贷款有限责任公司与顾雪瑛、李好转等执行异议纠纷案"中，法院认为，甘肃银行股份有限公司临泽支行是依据其与开发商、顾雪瑛、李好转与银行之间签订的《个人购房担保借款合同》，而向顾雪瑛银行账户发放 110 万元购房贷款，且在贷款发放前案涉账户已经被冻结，"该笔款项因被特定化而丧失了货币所具有的一般流通和其他消费功能，顾雪瑛、李好转亦不具有对该账户内资金实际控制和自由使用的权利，账户内资金不是二人的资产"。[①] 在"亚洲环科集团有限公司与本溪经济开发区华威实业有限公司、本溪泛亚环保热电有限公司执行异议纠纷案"中，最高人民法院认为，案涉账户虽然以泛亚公司名义开立，但开户时同时预留了泛亚公司的财务专用章与案外人信达公司财务总监的印鉴，该账户实际为共管账户，泛亚公司对于案涉账户不具有完全控制权。综合该账户的开立时间、案外人信达公司作为共管主体的身份、款项来源及时间等事实，与另案民事调解书确定的相关事项互相印证，足以证明案涉账户系为履行民事调解书而特别设立；且除汇入的 1400 万元股权转让款外，并无其他资金流转，该账户内的钱款已具有特定化的特征，该款项的实质权属并非泛亚公司所有，故华威公司无权要求强制执行该账户内资金。[②]

以上两个案例肯定了不以账户信息认定占有事实的例外情形，并以未实际取得对已特定化存款货币的实际控制为由，否定了开户人的所有权。但不足之处在于，上述判决未正向确权，不能明确得出提起执行异议之诉的案外人（账户共管人）享有存款货币所有权

---

① 参见甘肃省高级人民法院（2020）甘民申 441 号民事判决书。
② 参见最高人民法院（2016）最高法民申 2497 号民事裁定书。

的结论。尤其在共管账户情形中，可能多个共管人的债务人会分别申请强制执行，对共管存款货币的权属认定始终是必须要直接面对的问题。

（二）错误汇款情形

关于错误汇款情形，最高人民法院明确表示，除法律、司法解释规定的保证金账户质押等特殊情形外，一般仍应使用"占有即所有"规则，案外人以其系账户的借用人和账户中资金的实际权利人为由提起执行异议之诉不应得到支持。[①]

但是，很多判决虽然表面上适用了"占有即所有"规则，在说理上却普遍存在某种"纠结"。如在"佛山市千瓷汇物流有限公司与广州聚城物联网科技有限公司、杨毅等所有权确认纠纷案"中，法院认为，原告基于不当得利形成债权请求权，有权要求被告返还争议款项，但在说理上又肯定错误汇款行为因欠缺合意属于事实行为而非交付行为，错汇款项未发生混合而保持特定化，收款人亦因缺乏占有之意思和实际控制，故而不是案涉款项的实际权利人。[②] 上述说理实际上混合了动产物权变动规则和"占有即所有"规则：对转移所有权合意的判断乃是对依法律行为变动物权规则的适用，而对"特定化"考量的核心意义在于认定是否存在返还原物的可能，以上都是对通说下"占有即所有"规则的实质否定；而对错误汇款人不当得利债权的认定，实际上又是适用"占有即所有"规则的结果。两种相斥的思路混杂在一起，说明法院对该问题的认识并不

---

① 参见最高人民法院民事审判第一庭编《民事审判指导与参考》2018年第3辑，人民法院出版社2018年版，第243页；《案外人不能以被执行人账户中的资金系其误汇为由排除强制执行》，"最高人民法院民一庭"微信公众号，2022年1月24日，https：//mp. weixin. qq. com/s/-UjTVOPnLHmPVZlspRZSEA，2024年6月4日；《账户借用人不能排除强制执行》，"最高人民法院民一庭"微信公众号，2022年2月8日，https：//mp. weix-in. qq. com/s/cTs-HjgmgoxZTlmLPubHjw，2024年6月4日。

② 参见广东省广州市白云区人民法院（2018）粤0111民初1964号民事判决书。

清晰。

为避免逻辑上的困境，更多的判决笼统地引用"占有即所有"规则，认为货币是特殊的种类物，失去占有便失去所有权，错误汇款人只能主张不当得利要求返还，案外人据以提出执行异议主张的实体权利应为物权及特殊情况下的债权，而不当得利请求权属普通债权，不属于足以阻却执行的特殊债权。[①] 或从存款货币本质上属于债权的角度出发，否定涉存款货币的物权性救济可能。如在"爱思开综合化学国际贸易（上海）有限公司、国泰君安风险管理有限公司等执行异议纠纷案"中，法院认为，货币通过银行转账方式交付，属于指示性交付，收款人因此对汇入银行取得存款债权；付款人主张错误付款，属指示性行为的错误意思表示；无论付款人通过选择撤销权，抑或不当得利等权利，对收款人的存款债权行使返还请求权，请求权基础始终属于债权性救济，不享有排他性的物权效力。[②] 朱晓喆教授也持此类观点，认为在错误汇款类案件中，由于现金货币所有权始终归属银行，而错误汇款收款人并未取得货币所有权，故货币"占有即所有"无从谈起，只是由于付款人与收款人之间的对价关系有瑕疵，因而付款人享有债权性的不当得利返还请求权。[③]

实际上，很多法院意识到了无差别适用"占有即所有"规则，会给原所有权人带来不公平，因此常以欠缺转移所有权之合意为由而认定不符合动产物权变动规则，在符合款项特定化的前提下，实际权利

① 参见"深圳市华海粮食有限公司、中国民生银行股份有限公司沈阳分行等执行异议纠纷案"，最高人民法院（2018）最高法民申 1742 号民事裁定书；"连云港市凤翔铭居房地产开发有限公司、连云港济瑞新型建材有限公司等执行异议纠纷案"，最高人民法院（2019）最高法民申 2988 号民事裁定书；"常州太烨传感科技有限公司、广发银行股份有限公司安阳分行执行异议纠纷案"，最高人民法院（2020）最高法民申 1506 号民事判决书。
② 参见上海市高级人民法院（2020）沪民终 482 号民事判决书。
③ 参见朱晓喆《存款货币的权利归属与返还请求权——反思民法上货币"占有即所有"法则的司法运用》，《法学研究》2018 年第 2 期。

人的权利足以排除强制执行；或收款人未实现对款项的占有、因银行存款系债权而缺乏适用前提等理由否定"占有即所有"规则的适用。① 如在"赵弘生、辽宁沈抚农村商业银行股份有限公司等执行异议纠纷案"中，法院认为，案涉账号因长期闲置及被法院执行，收款人怡诚公司无法正常使用该账号对外接受汇款，同时其亦认可该笔款项不属其所有、未实际控制。由于怡诚公司未以权利人的主观意思实际占有该款，亦无法使用、处分该款，故不应是该款的实际权利人；同时，案涉账户长期没有资金进出，赵弘生汇入 15 万元具有特定性，不存在与其他款项混合而权利不明的情况。法院认定该笔款项权利归属于赵弘生，对其执行异议请求予以支持。② 再如，在"湖北省通茂建设工程有限公司、武汉华农公司农资有限公司等执行异议纠纷案"中，法院就认为因双方缺乏支付和接受的意思表示，客观上账户被冻结，收款人未占有、控制或支配错汇款项，不具备适用货币"占有即所有"规则的基础条件。③

此外，还有一种意见试图在维持"占有即所有"规则的同时，对错误汇款人进行倾斜性保护，认为其不当得利债权具有某种优先性。原权利人基于错误付款行为享有的不当得利请求权优先性于普通债权，这符合风险承担理论与一般债权人地位不变理论的正当性要求。④ 有判决认为，银行划扣收款人账户内错汇款项的行为，直接

---

① 如最高人民法院（2020）最高法民再 221 号民事判决书；最高人民法院（2020）最高法民申 2890 号民事判决书；最高人民法院（2018）最高法民终 873 号民事判决书。2022 年意见发布之后采相反观点的判决，如广西壮族自治区高级人民法院（2022）桂民终 909 号民事判决书；江苏省无锡市中级人民法院（2022）苏 02 民终 3285 号民事判决书；湖北省荆门市中级人民法院（2022）鄂 08 民终 1524 号民事判决书；辽宁省大连市中级人民法院（2022）辽 02 民终 6460 号民事判决书；浙江省宁波市江北区人民法院（2022）浙 0205 民初 4432 号民事判决书。

② 参见辽宁省高级人民法院（2020）辽民终 412 号民事判决书。

③ 参见湖北省高级人民法院（2020）鄂民再 172 号民事判决书。

④ 参见黄赤橙《错误汇款返还请求权优先地位研究》，《法学家》2021 年第 4 期。

导致错误汇款人对错误汇款接收人的不当得利债权无法执行，故银行需对错误汇款人的损失承担全部赔偿责任。[①] 此说理未必准确，但反映出法院意识到了因错误汇款产生的不当得利债权存在某种特殊之处，以至于赋予了其优先于银行债权的效力。

二 基于占有效果的配置难题

借用账户和错误汇款涉及的是实际存款人和名义存款人、汇款人与存款人之间的法律关系，与银行无关。但在实践中，存款货币还涉及银行与存款人的权利义务配置是否合理的问题，也即银行享有货币所有权、存款人享有债权的法律效果是否妥当的问题。下文以偷换二维码和银行卡盗刷两种典型情形为例进行分析。

（一） 偷换二维码问题

随着移动支付手段的日益成熟，消费者通过二维码向商家指定账户支付货款的现象极为普遍。支付方式的重大变革在给人们带来极大便利的同时，也给新型犯罪的实施提供了条件。例如，2019 年 11 月初，被告人符某某等两人通过效仿网上偷换二维码实施盗窃的案例，先到东莞市长安镇宵边社区的广告公司各自印刷自己的支付宝收款二维码，后各自到市场铺位偷换二维码实施盗窃，先后共作案 10 余起，非法获利 5000 余元。[②] 此类偷换二维码案的典型情形是，第三人将商家用于收款的二维码偷换为自己的二维码，顾客和商家对此均不知情，顾客购物后直接向第三人的二维码付款。

笔者在威科先行以"偷换二维码"为检索关键词，截至 2023 年 12 月 21 日，共收集到 7 例案件，剔除 1 件不相关案件，剩余 6 件均

---

① 参见"天长市中天电器贸易有限公司与江苏仪征农村商业银行股份有限公司大巷支行侵权责任纠纷案"，江苏省扬州市中级人民法院（2020）苏 10 民终 2280 号民事判决书。

② 参见广东省东莞市第二人民法院（2020）粤 1972 刑初 978 号刑事判决书。

为刑事案件,其中以盗窃罪定罪量刑的有 4 件,以诈骗罪定罪量刑的 2 件。① 法院在判决书中的论述较为简单:认为成立盗窃罪的理由是,被告人以非法占有为目的,多次盗窃他人财物,行为构成盗窃罪;② 认为成立诈骗罪的理由则是,被告人通过偷换二维码的手段虚构事实,欺骗了商家和顾客并令其陷入认识错误,以为该二维码就是商家的收款二维码,进而实施处分行为,符合诈骗罪的构成要件。③

刑法学界对"偷换二维码"案件性质的争论也有盗窃说和诈骗说两大阵营。盗窃说认为,行为人获取商家财物的手段在本质上属于秘密窃取,因此应属于盗窃。④ 针对盗窃对象的不同,又分为"盗窃货款说"和"盗窃债权说"。"盗窃货款说"面临的解释难题是商家对货款并无事实上的占有,行为人是否能够窃取他人未占有之物存在争议。⑤ "盗窃债权说"认为盗窃的对象是商家财产性利益(债权),其面临的问题是债权能否作为盗窃罪的对象。⑥ 为此有学者借用民法上的"债权准占有"概念,认为偷换二维码的行为导致商家丧失债权准占有身份,将自己的债权转移给行为人占有,银行的支付行为由此具有清偿效果。⑦ 但债权准占有本身也值得进一步解

① 其中包括一起非典型"偷换二维码案":在面对面收付款时,行为人将付款码偷换为收款码,在相对人未发现的情况下窃取钱财,仍然是比较传统型的诈骗。参见江西省新余市渝水区人民法院(2017)赣 0502 刑初 234 号刑事判决书。

② 参见广东省翁源县人民法院(2020)粤 0229 刑初 178 号刑事判决书、广东省东莞市第二人民法院(2020)粤 1972 刑初 978 号刑事判决书、广西壮族自治区忻城县人民法院(2019)桂 1321 刑初 130 号刑事判决书、河北省香河县人民法院(2018)冀 1024 刑初 122 号刑事判决书。

③ 参见福建省宁德市中级人民法院(2019)闽 09 刑终 263 号刑事裁定书。

④ 参见周铭川《偷换商家支付二维码获取财物的定性分析》,《东方法学》2017 年第 2 期。

⑤ 有学者认为,刑法中的占有是事实占有而不能只是观念占有。参见刘明祥《论刑法中的占有》,《法商研究》2000 年第 3 期。

⑥ 参见柏浪涛《论诈骗罪中的"处分意识"》,《东方法学》2017 年第 2 期。

⑦ 参见储槐植、唐风玉《刑民一体化视野下二维码案侵财行为定性研究》,《刑法论丛》2019 年第 3 期。

释。诈骗说则从顾客陷入认识错误这一事实出发，认定行为人构成诈骗罪，根据受害人的不同又分为"一般诈骗说"与"三角诈骗说"。[①] 此外，还有学者提出"以债权实现为对象的诈骗"的新型诈骗说，认为商家基于行为人偷换二维码行为而对二维码权属关系产生错误认识，基于此错误认识而指示顾客按照违背其真实意思的方式履行合同，导致商家合法债权错误消灭，行为人获得利益。[②]

财产犯罪的解释与认定往往受到来自刑民关系问题的困扰，刑法理论上有相当一部分观点认为，财产犯罪应当在具体构成要件要素（如财物、占有、财物的他人性）的解释上，坚持民事从属性原则，以尽可能实现法秩序的统一。[③] 在刑民一体化的视野下，"偷换二维码案"存在顾客、商家、行为人三方法律关系，目前理论界和实务界基本都是从刑法角度考量行为人构成何种犯罪、侵犯了商家何种利益，只有少数民法学者从民法角度解释"偷换二维码"问题，提出行为人偷换二维码的行为构成第三人无权受领，可以类推适用表见代理制度相关规则。[④] 而厘清"偷换二维码案"涉及的民事法律关系和偷换行为侵害何种利益，是准确地评价行为人侵财行为的前提和关键。

本书认为，偷换二维码应构成盗窃而非诈骗。由于商家和顾客对钱款进入行为人账户完全不知情，均非基于错误的认识而错误地主动处分财产，因而缺乏诈骗罪的关键要素——受骗人的处分行为和处分意识。[⑤] 行为人以不为被害人所知之方式将被害人的财产非法

---

① 参见张庆立《偷换二维码取财的行为宜认定为诈骗罪》，《东方法学》2017 年第 2 期；张明楷《三角诈骗的类型》，《法学评论》2017 年第 1 期；阮齐林《"二维码替换案"应定性诈骗》，《中国检察官》2018 年第 2 期。

② 参见蔡颖《偷换二维码行为的刑法定性》，《法学》2020 年第 1 期。

③ 参见徐凌波《置换二维码行为与财产犯罪的成立》，《国家检察官学院学报》2018 年第 2 期。

④ 参见孙新宽《债权表见受领的制度构成》，《法学》2022 年第 3 期。

⑤ 参见周铭川《偷换商家支付二维码获取财物的定性分析》，《东方法学》2017 年第 2 期。

据为己有，这正是秘密窃取财物之盗窃罪的特征，并非网络环境下诈骗罪抑或侵占罪的新型作案手法，而这也正是在理论界诈骗罪说、侵占罪说的声音影响日隆的同时，司法实践中较多将此类案件以盗窃罪判处的根本原因所在。① 至于盗窃说所面临的挑战，并非没有解释的空间。持盗窃论学者通过发展刑法上的占有理论，扩大解释"占有"之形态（盗窃货款说）或"占有"之对象（盗窃债权说），以论证"财产性利益的占有"在理论上成立这一前提，试图实现刑法理论与现实生活的契合，民法学界亦应对此问题有所回应。虽然刑法上的占有与民法上的占有并不完全相同，但在存款货币占有这一问题上存在相同之处。通过第三方支付的存款货币是由谁占有，以及如何界定网络空间下的占有形态和对象，都是本书接下来要探讨的问题。

（二）银行卡盗刷情形

实践中，由于存款货币脱离占有而产生的权属争议还集中体现在银行卡盗刷情形中。根据《银行卡业务管理办法》第二条之规定，"银行卡"是指由商业银行向社会发行的具有消费信用、转账结算、存取现金等全部或部分功能的信用支付工具，主要有信用卡和借记卡两种形式。由于银行卡具有便利、高效等特点，使其取代纸质存折成为最主要的存取款凭证。为更好地保护银行卡使用中各方当事人的合法权益，维护金融市场秩序，最高人民法院于 2021 年 5 月发布了《关于审理银行卡民事纠纷案件若干问题的规定》（以下简称《银行卡规定》）。依该规定，识别银行卡的真伪是发卡行的义务，发生伪卡盗刷交易或者网络盗刷交易，持卡人可据合同法律关系请求银行"支付被盗刷存款本息并赔偿损失"；但若持卡人有过错，银行可以适当免责，免责事由的举证责任由银行负担（《银行卡规定》

---

① 参见刘勋、王勇、江奥立、田宏杰、龚云飞《偷换收款二维码侵财行为的司法认定》，《检察日报》2019 年 5 月 24 日第 3 版。

第七条)。这就确立了银行卡盗刷纠纷的合同路径与过错分担规则，司法实践基本遵循了上述立场。然则，《银行卡规定》确定的裁判规则看似明确，实则缺乏法理支撑。主要存在以下几方面问题：

1. 谁是受损失方存在争议

通过《银行卡规定》第七条文义表述及实质上的过错分担规则，应当认为其隐含的立场是存款人为实际损失方。但是，在理论通说认为银行享有存款货币所有权、存款人仅享有债权的前提下，因银行卡盗刷而受损失的难道不是银行吗，为什么要由存款人来承担损失呢？有学者就认为，由于银行卡内资金的所有权归发卡行享有，所以因银行卡盗刷而受损害的是银行的所有权，持卡人和银行之间的债权债务关系不受影响。[①] 当持卡人和发卡行对卡内资金余额记载有异议时，应以存款合同等原始凭据为准进行认定，不能将银行卡内资金数额的减少当然等同于持卡人遭受了损失。[②] 因存款人没有损失，故不能提起违约之诉或者侵权之诉，只能围绕债权确认之诉展开攻防。[③] 具体而言，此时应当适用债权准占有规则：由于第三人持卡存在权利外观，发卡行只要尽到了相应的识别义务，就无须承担责任，仅在未能识别伪卡且不具有法定或约定免责事由的情况下，因其给付不发生债务消灭的法律效果，持卡人主合同上的给付请求权依然存在。[④]

司法实践也存在类似做法，虽其并未提及债权准占有的概念。如在"王永胜诉中国银行股份有限公司南京河西支行储蓄存款纠纷案"中，法院认为，由于"银行未能准确地识别该复制的假卡，

---

① 参见李健男《论银行卡诈骗犯罪背景下储蓄合同纠纷民事责任的承担》，《湖南师范大学社会科学学报》2013 年第 1 期。

② 参见田桔光《银行卡被盗刷纠纷案件的法律适用》，《人民司法》2021 年第 19 期。

③ 参见解亘《冒领存款纠纷背后的法理——王永胜诉中国银行南京河西支行储蓄存款合同纠纷案评析》，《浙江社会科学》2013 年第 2 期。

④ 参见王承堂《伪卡交易损失的分配原理》，《法学家》2018 年第 5 期。

从而将原告借记卡账户中的存款错误地交付给假卡持有人。因此，在真借记卡尚由原告持有的情况下，汤海仁等人的行为并非直接侵害了原告的财产所有权，而是侵犯了银行的财产所有权。原告与被告建立的存款合同关系合法有效，双方的债权债务关系仍然存在。"① 又如，在"沈阳农商行与科力水产经销部储蓄存款合同纠纷案"中，最高人民法院认为，银行未依约向存款人或者存款人授权的主体支付款项，不能构成存款合同项下的有效清偿，存款人可以基于存款合同请求银行履行还本付息的义务。②

上述主张和做法试图通过确认存款债权法律关系是否依然存在，进而判断存款人的权利能否得到保护。但问题是，根据通说，无论是否构成债权准占有，银行与持卡人之间的责任分担都应当是"全有全无式"的，不存在所谓的过错分担：当银行未尽识别注意义务时，即便持卡人存在过错，也因银行的行为不构成清偿而使持卡人免责；当银行已尽识别注意义务时，持卡人即便无过错也应自担损失。由此看来，通说下的存款人债权说和债权准占有说，与《银行卡规定》过错分担规则的底层逻辑存在矛盾。

2. 救济路径选择不明

坚持银行才是受损失方的观点，看似更有利于保护存款债权人，但由此也产生救济路径选择上的困境。毕竟第三人需要真实的银行卡密码或者交易验证码才得以完成侵权行为，如果存款人在保管密码方面存在不当行为，与损害后果的发生也有一定因果关系，是否意味着存款人也侵犯了银行的货币所有权？

对此，主要有以下三种观点。第一种是合同和侵权并存进路，认为在银行卡盗刷案件中需要提起两个诉讼：持卡人向发卡行提起

---

① 参见最高人民法院公报案例 2009 年第 2 期。相似案例参见"田树君、中国邮政储蓄银行股份有限公司青州市支行银行卡纠纷案"，山东省潍坊市中级人民法院（2015）潍商终字第 308 号民事判决书。
② 参见最高人民法院（2021）最高法民申 1928 号民事裁定书。

违约之诉，核心问题是判断发卡行拒绝向持卡人支付存款的行为是否构成违约；发卡行向持卡人提起损害赔偿之诉，解决第三人的盗刷行为所造成的财产损失在持卡人和发卡行之间应当如何分担的问题。[1] 如果持卡人存在疏于保管银行卡与交易密码的过错，银行可以主张持卡人承担侵权责任，以防范持卡人的道德风险。[2] 第二种是反向违约进路，一般观点集中于银行是否存在违约行为，有学者则从相反立场提出：当银行向无受领权第三人为给付不构成清偿时，由于银行仍需向存款人支付本息，因而成为盗刷行为的实际受损方，存款人由于没有履行"存款合同中的保护义务"而构成违约，但存款人可以主张银行对损失的发生亦存在过错，适用过失相抵规则分摊损失。[3]

第三种是较为特殊的证券资格说。依其主张，银行卡是民法上证券之一种，是民事权利的证券化。[4] 银行卡合同涉及两层法律关系，即银行卡据以形成的基础的资金合同关系和银行卡之上的证券关系，两种法律关系可以分离，银行卡盗刷纠纷只涉及证券资格法律关系。就此而言，其有将银行卡盗刷理解为第三人侵犯持卡人证券权利的意图。但其同时又认为，只需考虑银行是否构成权利人识别错误，至于持卡人是否有过失则在所不问；而且银行要担责就承担全部责任，要免责就免除全部责任。银行免责的原因并非是"持卡人未能妥当履行信息保管义务，而是义务人妥当履行了识别义务"[5]。这实

---

① 参见田桔光《银行卡被盗刷纠纷案件的法律适用》，《人民司法》2021 年第19 期。

② 参见李健男《论银行卡诈骗犯罪背景下储蓄合同纠纷民事责任的承担》，《湖南师范大学社会科学学报》2013 年第 1 期。

③ 参见王泓之《存款冒领中的清偿与赔偿辨正》，《西南政法大学学报》2022年第 3 期。

④ 参见陈甦《处理银行卡盗刷纠纷的法理基础及实务要点》，《法学杂志》2022 年第 1 期。

⑤ 陈甦：《处理银行卡盗刷纠纷的法理基础及实务要点》，《法学杂志》2022 年第 1 期。

际上走向了合同进路中的债权准占有立场。

可见，虽然《银行卡规定》看似采取了合同进路，但对"支付被盗刷存款本息"的性质属于继续履行还是赔偿损失，立场并不明确。同时，存款人的"与有过失"到底是违约还是侵权情形下的过失，由于路径选择上的模糊而难以定性。此外，在运用债权准占有理论解释银行卡盗刷行为时，还会存在与"偷换二维码"案件中同样的问题：债权能否成为盗窃的对象。

3. 过错的认定标准及举证责任分配不明

除对存款人的过错性质存在争议外，司法实践对过错的认定标准及举证责任分配并不统一。

其一，法院对银行的识别义务和持卡人过错的关系存在混淆。实践中，即便持卡人已经完成伪卡交易事实的证明义务，法院通常还要考量银行是否证明了持卡人存在过错。如在"中国建设银行股份有限公司平凉分行、武某合同纠纷案"中，法院结合案涉银行卡交易时真卡所在地、交易行为地、交易次数及频率、交易通知、报警记录、挂失记录等事实判断该卡存在伪卡盗刷交易，同时认为，建行平凉分行无证据证明持卡人保管不当致使银行卡密码泄密，最终判决银行承担全部赔偿责任。① 也有法院在明确认定存在伪卡交易的事实，但"无法推断出导致本案持卡人信息和交易密码泄露的过错方"的情况下，"为维护银行卡交易的公共秩序"，根据公平原则判决存款人和银行按比例承担责任。②

其二，对过错举证责任的分配也存在混乱。如在"彭新民、中国农业银行股份有限公司岳阳云溪支行借记卡纠纷案"中，法院认为，在网络支付环境下，持卡人的信息保管义务尤为重要，如持卡

① 参见平凉市中级人民法院（2021）甘08民申60号民事裁定书；北京市高级人民法院（2020）京民终14号民事判决书；上海市第一中级人民法院（2017）沪01民终9300号民事判决书。
② 参见浙江省嘉兴市中级人民法院（2021）浙04民终1211号民事判决书。

人不能证明交易异常的情况系由银行自身系统、内控制度等存在漏洞导致，且银行及时向持卡人发送验证码及交易成功的短信通知，便已经尽到基本的提示和通知义务，银行无须承担责任。[①] 上述判决实际以密码泄露的事实推定存款人在保管密码方面存在过错，且将银行的短信通知作为扩大损失免责的依据。相反意见则将存款人未妥善保管密码事实的证明义务分配给银行，[②] 将银行的安全保障业务从物理场所扩展到网络环境，认为即便存款人点击不明链接，银行仍应按比例承担责任。[③] 且银行开通短信通知是有偿服务而非存款人的义务，银行不得以存款人未开通短信服务而主张对扩大损失免责，在存款人尽到及时通知义务的情形下，银行应对伪卡交易造成的损失承担赔偿责任。[④]

实际上，司法实践之所以在救济路径、过错认定标准及举证责任分配方面存在诸多不同意见，是因为对谁是受损方这一前提认识不清，而问题的根源则在于以"占有即所有"规则为基础的存款人债权说在解释力上存在不足。

三　小结

由上观之，"占有即所有"规则在存款货币中的适用存在诸多亟待进一步解释的问题：就借用账户而言，第一个问题是，存款人能否构成对存款货币的占有，为何诸多法院裁判认为存款人得构成占有，只是存在名义存款人或实际存款人的区别？第二个问题是，如果存款人只能享有债权，那么在借用账户的情形，只能由名义存款

---

① 参见湖南省高级人民法院（2021）湘民申 1055 号民事判决书；上海金融法院（2021）沪 74 民终 1702 号民事判决书。

② 参见"徐欣诉招商银行股份有限公司上海延西支行银行卡纠纷案"，最高人民法院第 30 批指导案例第 169 号；天津市南开区人民法院（2021）津 0104 民初 11272 号民事判决书。

③ 参见湖南省高级人民法院（2021）湘民申 477 号民事判决书。

④ 参见广东省深圳市中级人民法院（2019）粤 03 民终 15810 号民事判决书。

人作为债权人，此时一切认为实际存款人"占有"存款货币的裁判和理论都违背了债权的相对性原理，因而不可取。就错误汇款而言，除前述存款人能否占有存款货币的问题外，另一个问题是错误汇款人应得到何种保护？若存款人仅能享有债权，则汇款人的债权又如何能具有物权效力或者优先效力？在偷换二维码的情形中，债权准占有固然提供了一个更好的思路，但它无法解释为何作为请求权的债权可以成为盗窃的对象。而在银行卡盗刷案件中，存款人债权说不仅同样面临债权准占有的解释问题，也无法为持卡人的过错分担提供法理支撑。

以上这些问题，都是存款人债权说所无法圆满回答的，为此有必要对存款货币的债权构造进行检讨。

第二章 存款货币债权构造的多维检讨

存款人到银行存款需要与银行订立存款合同，但存款货币的权利构造非指存款合同本身，而是指基于存款合同所形成的权利义务配置状况。对此，通说的方案是适用货币"占有即所有"规则，银行因取得货币的占有而取得其所有权，存款人则因丧失占有而仅享有债权，亦即认为存款货币的权利构造系债权构造。本书第一章第三节从涉及第三人行为的法律关系之侧面，介绍了通说立场在实践中遇到的难题，本章则直接围绕存款货币的交易关系进行检讨。或有观点认为，既然存款货币的交易关系是基于存款合同建立起来的，它自然也只能形成债权结构。此种见解值得推敲：合同的类型多样，既有转移所有权的类型（如买卖合同），也有不移转所有权的类型（如租赁合同），同时还有服务于他物权设立的类型（如设立居住权、抵押权合同），因此，合同完全可以产生物权效果，存款合同存在与存款货币物权构造共存的可能。

关于存款货币的债权构造，一种有力的主张认为，从银行业的产生脉络上看，货币"占有即所有"只是存款人享有自由取款权和银行享有货币所有权的表象，后者的深层次原因乃是银行商业上"存短贷长"的资产负债结构。[1] 易言之，作为存款合同事实基础的

---

[1] 参见陈承堂《存款所有权归属的债法重述》，《法学》2016年第6期。

银行"存短贷长"的资产负债结构，才是存款货币债权结构（也即存款人债权说）的理论基础。这就绕开了货币"占有即所有"规则，为通说开辟了交易需要的事实基础。那么，银行取得存款货币的所有权是银行正常开展业务的必要条件吗？银行资产负债结构的此种要求在存款合同中是如何体现的？下文从银行的资产负债结构、存款合同的内容（权利义务）和存款合同的性质三个层面依次展开对通说的检讨。

第一节　基于银行资产负债结构的考察

存款合同是货币交易法律关系的核心，那么作为存款合同的事实基础——银行的资产负债结构（主要是业务经营模式）——是什么？在很大程度上，存款合同的事实基础决定了合同的内容和性质，因而不可不察。

商业银行以金融资产和负债为经营对象，提供包括货币收付、借贷以及各种与货币流动有关的或者与之相联系的金融服务。[①] 按照是否进入资产负债表为标准，商业银行的业务可以分为表内业务和表外业务两大类。其中，表内业务是银行的主要业务，包括负债业务和资产业务，表外业务则是表内业务的派生，如结算、信托、代保管等服务性中间业务和担保业务等。同时，银行在开展负债业务和资产业务的同时，会产生流动性的风险。因此，下文从商业银行的负债业务、资产业务和盈利机制三个维度展开对银行资产负债结构的分析。

一　负债业务——银行的资金来源

所谓负债业务，是指银行的资金来源业务。商业银行作为社会

---

① 参见苏明政、张满林主编《货币银行学》，北京理工大学出版社 2017 年版，第96 页。

的信用中介，首先是"借方的集中"，然后才是"贷方的集中"，故负债业务是银行最主要、最基本的业务，也是经营其他业务的基础。① 负债业务资金主要包括自有资金和外来资金，自有资金在银行资金来源中占比很小，主要包括实收资本、公积金和未分配利润；外来资金主要包括吸收存款和借款业务，其中又以吸收存款为主。据考察，存款在商业银行的资金来源中所占比重一般都在80%以上，正是在这个意义上，商业银行又被称为存款银行。②

存款业务根据不同标准可划分为不同种类，最常见的分类有储蓄存款、活期存款、定期存款，但不同国家对这几种类型的界定并不相同。在美国，存款通常按照流动性差异分为活期、储蓄、定期三种，储蓄存款不能再分为活期、定期；而我国关于存款的分类方法，首先是按照主体划分，包括储蓄存款、企业存款、机关团体存款；其次再按流动性分类，如储蓄存款又分为活期存款和定期存款。③ 美国的储蓄存款并不限制存款对象，既包括个人也包括个人，但仍然是以公民个人存款为主体；④ 而我国的储蓄存款仅指个人存款，单位活期存款和定期存款不属于储蓄存款。

二 资产业务——银行的盈利方式

资产业务是指商业银行通过不同的方式和渠道将资金加以运用并取得收益的各种经营活动，主要包括现金资产业务、贷款业务和证券投资业务。值得注意的是，银行获得的存款不能全部用来投资盈利。根据《中国人民银行法》第二十三条、《商业银行法》第三

---

① 参见苏明政、张满林主编《货币银行学》，北京理工大学出版社2017年版，第104页。

② 参见彭兴韵《金融学原理》（第六版），格致出版社2019年版，第148页。

③ 参见张桥云、陈跃军《银行存款：契约性质、微观结构与产品设计》，《金融研究》2009年第8期。

④ 参见任碧云主编《货币银行学》，中国财政经济出版社2001年版，第372页。

十二条的规定，商业银行必须按照一定比例向人民银行交存存款准备金和备付金。所谓存款准备金，是存款类金融机构存放在中央银行的资金，它属于央行资产负债表的负债项目，包括金融机构按其吸收存款一定比例交存中央银行的法定存款准备金，以及超过法定准备金部分的超额存款准备金。① 即使商业银行成为被执行人，该部分资金也不得冻结和扣划。② 所以，银行所能利用的资金是存款准备金和备付金之外的存款。

在银行所开展的各项投资业务中，现金资产是银行持有的库存现金、在途资产、存放在中央银行的存款准备金及存放在其他银行的活期存款，是银行可以无风险利用的最具有流动性的资源；而贷款业务是最重要的资产业务，是商业银行的经营主体，一般能占到我国商业银行运用资金总额的 90% 以上；证券投资业务则是商业银行以其资金在金融市场上买卖有价证券的业务活动，在我国的主要投资对象有政府债券、央行和政策性银行发行的金融债券等。③《商业银行法》第三条规定了商业银行业务经营范围。同时，为保护存款人的利益和保障金融稳定，法律对银行使用存款货币时的资金流向进行了限制。根据《商业银行法》第四十三条的规定，我国现阶段实行分业经营模式，除另有规定外，商业银行在中国境内不得从事信托投资和证券经营业务，不得向非自用不动产投资或者向非银行金融机构和企业投资。

银行通过各项投资业务取得的收益，可以分为利息收入和非利息收入。在传统业务模式下，银行的收入主要来源于存贷款利息差，

① 参见中国人民银行营业管理部课题组、杨伟中、马玉兰《我国存款准备金政策、央行资产负债表与流动性》，《金融会计》2022 年第 2 期。
② 参见《最高人民法院关于人民法院执行工作若干问题的规定》第二十七条。
③ 参见李平主编《金融学》，北京理工大学出版社 2021 年版，第 110—117 页。

随着利率市场化、金融脱媒①和互联网金融冲击的加剧，银行业面临息差不断收窄、业绩增速放缓、盈利能力下行的压力，业务结构也日趋多元化，如通过发展手续费及佣金等非利息收入，可以减少对净息差和资产规模的依赖。② 例如，根据《商业银行服务价格管理办法》第十六条的规定，银行可以接受相关单位的委托办理代收水、电、燃气、通信、有线电视、交通违章罚款等费用以及代付工资、社会保险金、住房公积金等代收代付业务，并按照"谁委托、谁付费"的原则收取相关手续费。

总之，商业银行主营资产业务仍然是贷款业务，主要收入则是存贷款利息差。

三 借短贷长——银行的盈利机制

在银行的资金来源中，大部分存款和借入资金都是短期的，但银行运用资金的业务中有相当一部分是长期贷款，也就是说大量短期负债资金被投放于成熟期较长的贷款或其他投资，这种现象在银行资产负债管理中称为"借短贷长"。③ 作为一种投融资期限结构的错配行为，"借短贷长"在我国商业银行中普遍存在。④

---

① 所谓"金融脱媒"，是指随着直接融资（即依托股票、债券、投资基金等金融工具的融资）的发展，资金的供给通过一些新的机构或新的手段，绕开商业银行这个媒介体系输送到需求单位，实际上就是资金融通的去中介化。参见王廷科、冯嗣全《中国商业银行转型与国际化研究》，山西经济出版社 2007 年版，第 96 页；肖兰华《我国中小商业银行经营模式转型研究》，武汉大学出版社 2012 年版，第 20 页。

② 参见李宁果《商业银行非利息收入、收入结构多元化与经营绩效》，《金融监管研究》2021 年第 10 期。

③ 参见赵晓菊《银行风险管理——理论与实践》，上海财经大学出版社 1999 年版，第 66—67 页。

④ 参见韩军《从"借短贷长"谈银行的真实利差》，人民网，2013 年 1 月 25 日，http://finance.people.com.cn/money/n/2013/0125/c218490-20329647.html，2023 年 1 月 4 日；冯鹏熙《我国商业银行资产负债管理的实证研究》，博士学位论文，华中科技大学，2005 年。

作为一种盈利机制，"借短贷长"是商业银行的存在基础，但也是商业银行经营风险的根源。为避免因"借短贷长"而形成流动性风险，商业银行对存款的使用受到存款准备金以及经营范围等法律规定的限制，而且必须保持资产、负债在总量上平衡，期限、利率在结构上相互对称和协调，避免出现存贷款期限结构不对称。银行必须按照法律的约束审慎、合理投资，避免高风险投机带来损失，保持恰当的流动性和投资率，以确保对存款人随时要求还款的偿付能力。

为控制银行"借短贷长"的金融风险，经济学界提出了期限匹配理论，即认为银行债务的期限必须与资产的期限匹配，又称免疫假说。例如，Morris 指出，一旦企业债务期限与所投资资产（企业债权）的期限互相匹配，即可降低流动性风险；而当企业的债务期限小于所投资资产（企业债权）的期限，就可能发生企业无法偿还相应债务以及利息的风险；如果债务期限大于所投资资产（企业债权）的期限，则即便所投资资产寿命期结束，也因无法再产生现金流，而导致企业的债务危机。[1] 那"借短贷长"是否意味着，只有取得存款货币的所有权才可以进行贷款？

关于银行"借短贷长"的盈利机制，法学界的流行意见认为，要想维持银行的资产负债结构，银行就必须取得存款所有权，否则银行业无从产生。[2] 其逻辑是，因为银行吸收存款和发放贷款的期限并非一一匹配，存款与贷款期限错配才是常态，假如银行不能拥有存款货币所有权，那么银行利用存款货币开展贷款、证券投资等业务便没有了权利基础，即银行无须经存款人同意而自由使用存款货币的权限建立在拥有存款所有权的基础上。但本书认为，银行取得

---

[1]　See James R. Morris, "On Corporate Debt Maturity Strategies", *The Journal of Finance*, Vol. 31, No. 1, Mar., 1976, p. 36.

[2]　参见陈承堂《存款所有权归属的债法重述》，《法学》2016 年第 6 期。

货币所有权是商业银行借短贷长盈利机制的充分条件，而非必要条件。

首先，从历史发展的角度上看，银行业早期的业务是货币保管、汇兑，这些业务的产生并非基于货币所有权的转移，而现代银行业务同样存在上述不需要转移货币所有权的业务。其次，银行所真正需要的是利用存款货币开展资产业务，从而维系"借短贷长"的生存机制，但银行取得存款货币的处分权并不必然以存款人让渡货币所有权为前提。最后，即便银行可以支配、使用存款货币，但同时也受到国家法律、金融政策的严格管制。历史上14、15世纪的佛罗伦萨银行、巴塞罗那储蓄银行，以及17世纪的阿姆斯特丹银行都是以100%准备金率原则经营业务，虽然后来100%准备金率原则逐渐被违背，但一度由于信贷的过度扩张导致经济危机和银行破产。① 因此，在现代银行业，绝大多数国家都采取了较为严格的金融监管政策，银行的权利受到诸如存款准备金制度、分业经营原则等诸多限制，目的就是防范因"借短贷长"形成严重的流动性风险，确保存款人可以根据自己的意愿自由支取存款货币。可见，即便认为银行取得对存款货币所有权，也是不充分的所有权，其必须以保证存款人可以随时支取存款货币为前提。

学者们从现代银行业务经营模式出发，反推认为如果不承认银行对存款拥有完整的所有权，银行开展放贷业务就是对存款财产权益的侵犯。② 此种推论是从现象出发而有选择性地做出的理论嫁衣，并不具有终局性和唯一性。只要存在有效平衡，即兼顾银行的资金利用权和存款人的所有权，则存款人无须让渡或完全让渡其对于货币的所有权。

---

① 参见［西班牙］赫苏斯·韦尔塔·德索托《货币、银行信贷与经济周期》（第三版），秦传安译，上海财经大学出版社2016年版，第50—75页。

② 参见黑静洁《存款的占有新论》，《中国刑事法杂志》2012年第1期。

第二节　基于存款合同内容的剖析

与历史上的商业银行相比，现代银行对存款货币的使用程度更加深化，相关法律关系变得错综复杂。那么，在现代银行业经营背景下，基于存款合同的缔结，银行和存款人各自享有何种权利义务，能否印证存款人债权说的主张？为正确理解存款合同的内容，我们首先来看存款合同关系和账户的意义。

一　存款合同与账户

存款合同是存款人与储蓄机构之间订立的，存款人将资金存入储蓄机构，储蓄机构开具存单或存折，存款人凭存折或者存单可以支取存款本金和利息，储蓄机构有义务按照约定无条件支付本息给存款人的协议。[1] 从立法例上看，意大利、俄罗斯将存款合同作为一种有名合同加以规定。[2] 但在我国，存款合同是无名合同，相关规则散见于《商业银行法》《储蓄管理条例》《人民币单位存款管理办法》《人民币银行结算账户管理办法》等法律、行政法规。

（一）存款合同的主体

虽然《储蓄管理条例》第三条将储蓄活动的主体限定为自然人，储蓄存款仅指个人存款，但在司法实践中并未区别对待个人存款和单位存款的法律关系，公司与银行之间因账户管理、支付结算等发生的纠纷也一并归入"储蓄存款合同纠纷"案由中。如在"北京雅美艺苑商贸有限责任公司与交通银行股份有限公司北京顺义支行等储蓄存款合同纠纷案""北京清科博动科技有限公司与招商银行股份有限公司北京清华园支行储蓄存款合同纠纷案"中，法院均将法人

---

[1]　参见王建平《金融法学》，立信会计出版社 2003 年版，第 111 页。
[2]　参见《意大利民法典》第 1834—1838 条、《俄罗斯民法典》第 834—844 条。

作为存款合同的主体对待。①

本书与司法实践保持一致，认为存款合同的存款主体既包括个人，也包括法人。在我国，存款机构主要有商业银行、信用合作社及邮政储蓄机构。在存款业务类型上，个人储蓄业务有活期、定期、定活两便储蓄存款，单位存款包括活期存款和定期存款。活期存款也称为支票账户或交易账户，是指存款客户可随时存取或支付使用的存款；定期存款是指存款客户与银行事先商定取款期限并以此获取一定利息的存款，原则上不准提前支取，或者是允许提前支取但需要支付一定的罚金或者是按照活期存款的利率支付利息。② 定活两便存款则是指不约定存期，可以随时支取，利率随存期的长短而变化的储蓄存款，兼具定期之利、活期之便，不受存取限制。

（二）存款合同的表现形式

由于现代银行业提供的金融服务及产品的综合性越来越强，存款合同常作为多种法律关系的综合体而出现。所谓存款合同的表现形式，是指商业银行推出的融合了包括存款等各种服务在内的各种存款形式。如在银行卡业务中，借记卡除具有基础的存取款服务外，还有转账结算、消费购物等功能。鉴于借记卡合同实质带有非同于一般委托结算合同、储蓄存款合同案件的特征，为避免实质割裂借记卡合同法律关系中各种行为的内在关联性，最高人民法院在2011年修订《民事案件案由规定》时，将因申领、使用、注销借记卡而引发的银行卡纠纷从储蓄存款合同纠纷案由中分离出来，且不区分合同纠纷还是侵权纠纷，统一界定为借记卡纠纷，与信用卡纠纷一起作为三级案由归入二级案由银行卡纠纷项下。③

---

① 参见北京市第三中级人民法院（2015）三中民（商）终字第03275号民事判决书、北京金融法院（2021）京74民终489号民事判决书。
② 参见戴小平主编《商业银行学》，复旦大学出版社2007年版，第29页。
③ 参见张雪煤《银行卡纠纷疑难问题研究》，《法律适用》2015年第3期。

此外，还有区别于普通存款的大额存款、结构性存款。大额存款与普通存款一样保本保息，但是可以转让。结构性存款是在普通存款的基础上嵌入金融衍生工具（包括但不限于远期、掉期①、期权或期货等），将投资者收益与利率、汇率、股票价格、商品价格、信用、指数及其他金融类或非金融类标的物挂钩的具有一定风险的金融产品。结构性存款按照基础存款与衍生交易相分离的原则进行业务管理，收益由银行对基础存款运用和衍生交易运作产生的收益综合构成，本金部分同样纳入中国银行内部资金统一运作管理，纳入存款准备金和存款保险费的缴纳范围。② 因此，结构性存款是基础存款和理财组成的综合体。在司法实践中，基于结构性存款合同本身而产生的纠纷，有的归入"委托理财合同纠纷"案由，也有的归入"储蓄存款合同纠纷"案由。③ 所以，存款合同的表现形式不限于存折、存单或其他储蓄存款凭证，还包括银行卡（借记卡）以及大额存单、结构性存款等存款类金融产品协议等。

实践中，存款合同都是格式合同，基本内容分为基本交易信息和权利义务条款两大部分。在基本交易信息部分，一般包括期限、利率、开户起点金额、币种、优惠、惩罚、存款保险等要素，其中

---

① 所谓掉期交易，是指将币种、金额相同，操作方向、交割期限不同的两笔或两笔以上的外汇交易结合起来进行，即在买进某种货币的同时又卖出相同金额的同种货币，但买卖的交割期限不同。参见王千红主编《金融市场学》（第二版），东南大学出版社 2014 年版，第 146 页。

② 参见中国人民银行结构性存款产品说明书、协议书。

③ 前者如 "刘南与荷兰银行（中国）有限公司北京东方广场支行委托理财合同纠纷案"，北京市第二中级人民法院（2009）二中终字第 12302 号民事判决书；"庞某与甲银行支行金融委托理财合同纠纷案"，上海市第一中级人民法院（2011）沪一中民六（商）终字第 132 号民事判决书；"王凤寅与平安银行股份有限公司北京海淀支行金融委托理财合同纠纷案"，北京市海淀区人民法院（2021）京 0108 民初 3716 号民事判决书。后者如 "张继东、长沙银行股份有限公司新丰支行储蓄存款合同纠纷案"，湖南省长沙市中级人民法院（2021）湘 01 民终 13117 号民事判决书；"孔庆芸与广发银行股份有限公司佛山罗村支行储蓄存款合同纠纷案"，广东省佛山市南海区人民法院（2019）粤 0605 民初 30649 号民事判决书；"陈启芳、杭州银行股份有限公司望江大通桥社区支行储蓄存款合同纠纷案"，杭州市上城区人民法院（2021）浙 0102 民初 1041 号民事判决书。

最为核心的要素是期限、金额、利率，要素的增减会成立不同存款产品。[1] 存款产品实质上是对客户资金财产权通过存款产品契约进行分割组合的结果。[2] 需要注意的是，根据《中国人民银行法》第五条、《商业银行法》第三十一条及第三十八条、《储蓄管理条例》第二十二条、第二十三条等规定，我国实行利率法定和利率公开制度，商业银行及存款人在缔结存款合同时，必须按照国家规定的利率上下限来决定利率，擅自缔结超长存期、超高利率的存款合同相关条款应属无效。[3]

（三）银行账户的法律意义

银行账户最初是最简单的表现财富和财产的形式。在意大利语中含义为"盒子"的词，像这样反映货币（或其他货币替代物）的账户被称为"现金"账，它是"储蓄罐"式的账户。[4] 银行账户则是客户在银行开立的存款账户、贷款账户、往来账户的总称，本质上是一种以电子数据形式记载的电子账簿，记录了存款货币的数额和交易明细。银行的基本义务是接受存款并将其计入客户开立的银行账户，执行转账、付款等其他账户义务的指示，银行账户是银行开展一切业务的前提和基础。银行账户的类型多样，以存款账户为例，根据《人民币银行结算账户管理办法》的规定，存款账户按照功能和用途可以分为结算账户与储蓄账户。储蓄账户仅限于办理现金存取业务，结算账户既可以办理现金存取业务又可以办理个人资金收付结算业务，其中结算账户又可分为基本存款账户、临时存款

---

① 参见张桥云、陈跃军《银行存款：契约性质、微观结构与产品设计》，《金融研究》2009 年第 8 期。

② 参见张桥云、官学清、吴静《存款契约设计相关理论述评》，《经济学动态》2005 年第 5 期。

③ 参见缪因知《论利率法定与存款合同意思自治的冲突——以超长存期为中心》，《中外法学》2014 年第 3 期。

④ 参见［美］C. E. 斯普拉格《账户的哲学》，许家林、刘霞译，立信会计出版社2014 年版，第 10 页。

账户和预算单位开立专用存款账户。

与一般人对存款合同的理解不同，存款人与银行的法律关系其实包含两个基本层次：一是开立银行账户本身的法律关系，即银行账户合同；二是纯粹的货币存取法律关系，即狭义的存款合同。陈甦教授提出的银行卡证券法律关系说实际上就是一种银行存款账户合同，突出强调了银行卡存款账户在使用和管理方面的特殊性。[①] 按照银行账户合同的约定，银行应当为存款人开立存款账户，及时准确办理资金收付业务，并按照存款人的指示办理相关结算和综合服务业务。由于存款货币和账户的使用与管理难以分开，所以即便二者存在不同，也很难截然分离。总体而言，银行账户对存款货币的交易主要有以下几个方面的法律意义。

一是作为推定权利人的依据。为保证存款账户的真实性，我国实行银行存款账户实名制，无论个人还是单位开立账户，都应当提供真实的身份证件或开户证明文件，故一般情况下可将账户户主作为推定权利人的主要标准。存款货币一旦进入账户即为合法交付行为，开户人可据此拥有某种支配力，日常话语常将其理解为取得存款货币的所有权，案外人仅对开户人享有债权请求权。[②]《支付结算办法》第十六条就规定了"谁的钱进谁的账，由谁支配"原则，最高人民法院也认为应当按照账户名称判断存款权利人，但是法律或行政法规等明确特殊账户专款专用，实质上不属于开户人的除外。[③] 可见，一般认为账户信息对权利人认定具有推定效力，开户人基于

---

① 参见陈甦《处理银行卡盗刷纠纷的法理基础及实务要点》，《法学杂志》2022 年第 1 期。

② 参见王毓莹《执行异议之诉中账户资金的排除执行问题》，《人民法院报》2017 年 11 月 1 日第 7 版。

③ 参见《最高人民法院关于人民法院办理执行异议和复议案件若干问题的规定》第二十五条；《账户借用人不能排除强制执行》，"最高人民法院民一庭"微信公众号 2022 年 2 月 8 日，https://mp.weixin.qq.com/s/cTs-HjgmgoxZTlmLPubHjw，2024 年 6 月 4 日。

"占有"或者"控制"而获得对账户内存款货币的某种支配力。但当规范意义上的占有与事实上的占有不一致时，除已有明确依据的专用账户外，如何认定其他账户中的存款货币归属，理论与实践存在较大争议，本质上是如何认定"占有"事实的问题。故银行账户对权利人的认定仅系推定效力。

二是作为存款人支配存款货币的工具。基于存款账户的记载，存款货币有了可识别性和特定性，权利人支配存款货币成为可能，并且赋予此种支配力相应的权利外观。基于存款账户的分别设立，不同账户内的存款货币归属于不同的存款人，并由存款人通过预先设立的交易密码等凭证进行管理控制。解亘教授曾质疑，为何在一般的债权错误清偿情形下对债权人责任的认定不会有异议，而将银行、存款人、存款代入这一命题后，在最高人民法院的眼中这一命题却不再成立？一定是因为银行账户的某种特性影响到了法院的判断。解亘教授坚持存款人债权说的立场，并且认为银行错账冲正制度的存在表明银行账户记载不具有绝对正确和不可更改性，并以最高人民法院在"王永胜诉中国银行南京河西支行储蓄存款合同纠纷案"中对"原被告的债权债务关系仍然存在"的判断，证明裁判机关也不认可银行账户的绝对性。[①] 但是，错账冲正是会计核算制度的一种，是为了解决柜员自身操作失误或系统原因造成的错账，在银行内部对记载错误的账务进行取消或纠正、调整的行为。[②] 而汇款人或第三人原因造成的错误汇款或者冒名领取等情况，并不符合错账冲正的适用情形，故不能以错账冲正制度否定银行账户中存款货币数额的绝对性。实际上，正是因为存款人可以基于账户而对存款货币实现高程度的控制和支配，才是存款债权区别于普通债权的特殊

[①] 参见解亘《冒领存款纠纷背后的法理——王永胜诉中国银行南京河西支行储蓄存款合同纠纷案评析》，《浙江社会科学》2013 年第 2 期。

[②] 参见林发东主编《银行会计实务》，中国财政经济出版社 2005 年版，第 18 页。

之处。

三是作为认定存款货币"特定化"的标准。银行账户对存款货币的"特定化",主要体现为三个方面。一是通过形式上的专用账户实现特定化。如根据《人民币银行结算账户管理办法》第十三条的规定,针对基本建设资金、期货交易保证金、住房基金、社会保障基金等具有特定用途的资金,都可以专门开立银行结算账户进行专项管理和使用。专用账户内存款货币的归属不再以账户名称为判断标准,这是对货币"占有即所有"规则的突破。此外,根据《非银行支付机构客户备付金存管办法》的规定,非银行支付机构对备付金专用存款账户中的资金没有所有权,只能按照客户指令办理委托支付业务,第三方支付机构与客户之间成立保管合同,备付金所有权仍然归属客户。[1] 二是形式上虽为一般存款账户,但存款货币实质上实现特定化。如资金来源唯一且约定了专门用途,或者资金来源能够确定且未发生混合,存款货币固定不变,亦处于"特定化"的状态。[2] 三是存款货币发生混合或者存在浮动的情形,理论与实践对此种情形下存款货币是否"特定"存在争议。本书认为,相较于一般种类物,货币的本质就是价值,更应打破物理特定性的局限,只要"原价值"依然在,就应当认为仍具有特定性,不应局限于以专户或者形式上没有资金流出的情况。"尽管账户金钱丧失物理上的特定性,但只要存在账目记录,账户金钱就存在价值上的可识别性。"[3] 可供参考的是,按照《民法典》第九百零一条的规定,保管货币及其他种类物,只需返还同种、同量货币即可。德国《证券保

---

[1] 参见苏盼《第三方支付机构客户备付金性质及风险研究》,《金融监管研究》2017 年第 9 期。

[2] 相关案例参见"中油长运渤海石油化工(大连)有限公司与景德镇景禹新能源开发有限公司、江西煤炭储备中心有限公司等执行异议纠纷案",最高人民法院(2018)最高法民终 873 号民事判决书;"卢军民诉淡雪绒案外人执行异议之诉案",陕西省商洛市中级人民法院(2019)陕 10 民终 273 号民事判决书。

[3] 庄加园:《动产担保物权的默示延伸》,《法学研究》2021 年第 2 期。

管与购置法》第 5 条也规定，对于混合保管的有价证券，每个顾客都享有同种被代管的有价证券的部分所有权，比例则由其所有的有价证券的票面价值决定。①

四是推定意思表示的标准。按照存款账户合同的约定，存款人通过预先设置的账户密码、账户凭证等身份证明文件实现对账户内存款货币的控制并发出指示，银行才会认定是本人的意思表示并履行存款账户合同约定的义务。账户凭证与密码是进行交易的两个必备条件，具备这两个条件就构成一定的法外观。故通常而言，如无相反证据，凭账号密码交易应当视为存款人本人意思表示，存款人不能否认使用账户和密码交易的法律效力，这符合权利外观理论和信赖原则。②

总之，银行存款账户形式上是银行为单位或个人记载资金变动及其结果的电子账簿，其存在基础是存款人与银行之间订立的存款账户合同，内容上则反映了存款法律关系的具体变化。正是由于银行账户的存在，才对存款货币权利归属的划定、意思表示的认定有了推定作用，使得存款人对存款货币的支配和管理成为可能，而银行账户的存在也对存款合同的性质以及货币占有的认定产生影响。

二 银行的权利义务

那么，基于存款合同与账户合同，银行享有何种权利，负有何种义务呢？

（一）银行的权利

作为存款合同载体的存折、存单、银行卡所记载的要素，主要

---

① 参见徐国栋《混合制度的罗马法起源、历史演变与中国〈民法典〉适用》，《厦门大学学报（哲学社会科学版）》2021 年第 3 期。

② 参见李健男《论银行卡诈骗罪背景下储蓄合同纠纷民事责任的承担》，《湖南师范大学社会科学学报》2013 年第 1 期。

包括存款人姓名、存款种类、存款期限、存款数量、存款利率等，而对银行权利及义务则更多表现在银行的管理制度中。通过本章第一节对银行业务的介绍可以看出，银行可以自由使用通过存款吸收的货币而无须征得存款人同意，而且除库存现金外，银行其他业务的开展都是以存款货币为对象。此外，根据《商业银行服务价格管理办法》等规定及合同之约定，银行还有收取存取款服务、提供账户等项目服务费用的权利。值得注意的是，银行展开业务无疑以占有、使用存款货币为前提，但存款人让渡存款货币的所有权只是银行借短贷长盈利机制的充分条件，而非必要条件，已如前述。

（二）银行的义务

在存款法律关系中，虽然没有明确的书面约定，但返本付息作为银行最基本的义务，是银行业经营管理制度的应有之义。此外，银行还负有正确识别存款人与存款安全保障义务，以及为存款人保密的义务等。其中，正确识别存款人和保密义务可为债务人的适当履行原则所包含，但存款安全保障义务则可能与存款人债权说相抵牾。考虑到返本付息不是存款货币债权构造的特别要求，以下仅论述正确识别存款人的义务和存款资金的安全保障义务。

1. 正确识别权利人的义务

《商业银行法》第六条规定："商业银行应当保障存款人的合法权益不受任何单位和个人的侵犯。"根据存款合同之约定，银行应当及时、准确地办理存款人提出的资金收付结算等业务请求，为此必须进行客户身份信息核验并保证操作环境的安全，故正确识别权利人是银行应当承担的默示义务。值得注意的是，虽然还本付息是银行的主合同义务，但是在司法实践中，法院往往并不以存款未经授权被取走、银行未按期还本付息本身作为违约事实，而是将银行未尽到正确识别及安全保障义务作为违约事实对待。

根据交易情形的不同，银行的识别义务有不同层次。在使用存单、存折及实物银行卡的情形下，银行对权利人的识别机制包括对存款凭证的识别和人的识别，既需要辨认存款凭证的真伪，还需要识别用卡人是否为权利人。其中，对存款凭证的识别是第一性的，如果未能正确识别存款凭证的真伪，就足以判定银行履行义务不当。交易的发生应当以使用真实银行卡为前提，银行未能识别卡的真伪便从存款人账户中支取款项，属于不当履行合同义务。[①] 当在网络上使用银行卡账户进行指示支付时，由于不存在对实物凭证真伪的识别，银行的识别机制仅限于对人的识别，即对签字、指纹、刷脸等身份验证信息和密码、验证码等支付信息的辨识。[②] 权利人识别措施以技术上的可能性为前提，当前常用的识别措施有密码、签字、验证码、指纹、刷脸等，或者是上述方法的组合运用。

2. 保障资金安全的义务

权利人识别义务是交易上的义务，银行保障资金安全义务则是银行管理上的义务。银行保障资金安全义务体现为两个方面。其一，对物理场所安全的保障义务。[③] 对有形场所的物理安全控制，必须符合国家有关法律法规和安全标准的要求。实践中，因管理不善造成银行设备存在诸如假门禁、假提示、假吞卡或在取款机上加装盗码器、复制器、微型摄像头等安全隐患，进而造成密码泄露，均属于没有尽到保障资金安全的义务。其二，对交易系统的安全保障义务。《银行卡业务管理办法》第十三条规定"安全、高效的计算机处理系统"是银行开展银行卡业务的必备条件，《电子银行业务管理办法》第三十七条、第三十八条规定银行应确保电子银行系统具有反攻击能力、防病毒能力和入侵防护能力，并保证电子交易数据传输

[①] 参见上海金融法院（2021）沪74民终1702号民事判决书。

[②] 参见陈甦《处理银行卡盗刷纠纷的法理基础及实务要点》，《法学杂志》2022年第1期。

[③] 参见"中国工商银行股份有限公司北京金都杭城支行与郑某借记卡纠纷案"，北京市第三中级人民法院（2017）京03民终216号民事判决书。

的安全性、保密性。

值得注意的是，银行物理场所安全的保障义务可以为债的适当履行原则所包含，但银行交易系统上的安全保障义务与存款人债权说相矛盾：依存款人债权说，银行取得了货币的所有权，存款人则取得对银行的债权，因此，在银行未按存款人指示而为支付时，存款人可以通过主张银行的违约责任获得救济。换言之，在存款货币的所有权发生转移之后，银行是否在交易系统层面采取措施保障资金安全是自己的事情，与违约责任的承担没有任何关系，法律作此规定纯属多余。或者说，要求债务人对自己的财产负有安全保障义务毫无必要。因此，只有一种解释，那就是银行的这种安全保障义务具有某种利他的性质，或者说存款人并未完全丧失存款货币的所有权。

三　存款人的权利义务

（一）存款人的权利

1. 支配存款货币的权利

《支付结算办法》第十六条规定银行办理支付结算必须遵守"谁的钱进谁的账，由谁支配"的原则，由此确立了存款人对存款货币进行支配的权利，即存款人对存款货币可以自由存取、转账、结算等，不受银行的限制。存款人支配权的核心内容为自由支取存款货币的权利，即存款人享有任意变更或解除合同的权利，不仅可以将存款货币提取兑换为现金货币，还可以将其他类型存款转变为活期存款，付出的仅是利息的损失。除积极的自由支取外，存款人的自由取款权还体现为自由地"不支取"，即除非存款人请求支取，银行不能主动返还存款货币；如果定期存款合同到期后，存款人未请求返还存款货币，应视为按照活期存款条件延长，除非合同另有约定。

从权利内容上看，存款人支配存款货币的权利明显与通说主张的存款人的债权地位不符。债权作为一种相对权，具有形式和实质的拘束力，不能单方面地变更合同，但存款人支配存款货币的权利显然无法在债法上获得解释。即便存款人债权说的支持者，也不得不承认此种债权仍然是对"现在财货"的"随时支配权"，存款人"对其存款仍然具有现实的支配权"。① 在经济学上，有学者将存款人的此种支配地位称为存款人对存款货币的"随时索取权"，认为存款契约对存款人而言是一种"软约束契约"，这是为了平衡存款人与银行之间的信息不对称、满足存款人的流动性需求所作出的制度安排。② 这实际上就是认为，此种满足存款人流动性需求的"软约束契约"不是一种真正的债权契约。

关于存款人支配权的非债权属性，还可以从是否适用诉讼时效的问题上获得说明。对于这个问题，日本学者我妻荣教授主张，存款债权应当适用诉讼时效，并以其成立时开始起算消灭时效，并因支票的出票或现金的支付请求而中断时效。③ 我国也有学者认为，既然认可存款人自由支取存款的权利是基于合同上产生的债权，而非基于存款人对存款的所有权，存款人对该项权利的行使时间应该如其他债权一样受到诉讼时效的限制而非无限期延伸。④ 但我国法从未认可诉讼时效对存款返还请求权的限制。《最高人民法院关于审理民事案件适用诉讼时效制度若干问题的规定》第一条则明确支付存款本金及利息请求权是不适用诉讼时效的特殊债权请求权。对此，司法解释的起草者强调，存款本息的请求权关系到民众的生存利益，

---

① 参见陈承堂《存款所有权归属的债法重述》，《法学》2016 年第 6 期。

② 参见张桥云、陈跃军《银行存款：契约性质、微观结构与产品设计》，《金融研究》2009 年第 8 期；张桥云、官学清、吴静《存款契约设计相关理论述评》，《经济学动态》2005 年第 5 期。

③ 参见［日］我妻荣《债权各论》（中卷二），周江洪译，中国法制出版社 2008 年版，第 210 页。

④ 参见吴真《存款人权利研析》，《当代法学》2003 年第 2 期。

如果适用诉讼时效，对于民众的生存利益会带来深刻影响。[①]

本书认为，存款本息请求权不适用诉讼时效是正确的，之所以其适用诉讼时效会"对民众的生存利益带来深刻影响"，原因在于它本来就属于一种支配权，将其降格为债权、适用诉讼时效将是对存款人利益的不当扣减。而存款本息适用诉讼时效的主张都有一个前提预设，即认为存款人对存款货币仅享有债权。一旦破解了存款人权利的债权属性，则存款本息请求权适用诉讼时效的主张将不攻自破。

2. 取得利息的权利

存款人有权获得相应的存款利息，但利息的本质是什么，它因何而来？基于存款人债权说的立场，人们倾向于认为，利息是存款人将存款所有权让渡给储蓄机构的对价。[②] 但这与民法上公认的利息的孳息本质相悖：一般认为，利息属于法定孳息，而孳息是相对于原物而言的，它不是原物的对价，它的产生不以丧失原物所有权为前提。对此，经济学的视角是一个很好的参考。西方经济学家多从利息体现的生产关系角度认识利息的本质，如威廉·配第认为利息是因暂时放弃货币使用权而获得的报酬，凯恩斯认为利息是放弃流动性偏好的报酬。[③] 这些经典论断都不涉及货币所有权的让渡。

从让渡使用权而非所有权的角度来认识孳息，也是国内经济学的主流看法：利息随着借贷行为而产生，是贷款人让渡资金使用权或者放弃资金流动性利益而获得的报酬，借款人取得货币资金使用权付出的代价。[④] 还有学者直言，"货币资金的所有者在不改变所有

[①] 参见宋晓明、刘竹梅、张雪媒《〈关于审理民事案件适用诉讼时效制度若干问题的规定〉的理解与适用》，《人民司法》2008 年第 21 期。

[②] 参见吴真《存款人权利研析》，《当代法学》2003 年第 2 期。

[③] 参见李山赓主编《货币银行学》（第 2 版），北京理工大学出版社 2016 年版，第61 页。

[④] 参见张桥云、陈跃军《银行存款：契约性质、微观结构与产品设计》，《金融研究》2009 年第 8 期。

权的前提下，把他所持有的货币资金使用权在一定期限内让渡给需用货币的借入者。到期时，借入者不仅偿还借入的货币，还必须给货币资金所有者一个增加额，这个增加额就是利息。"① 可见，只有认定存款人仍然保留了存款货币的所有权，才能正确认识利息的本质。

（二）存款人的义务

除本金与利息条款外，存款合同中另一重要内容为对保障存款安全及责任承担问题的约定，最为核心的是"持密码账户交易视为本人"条款，② 以及存在密码泄露、出租、出售或转借情形下银行的免责条款。在非授权人凭密码支取存款的案件中，法院常以"持密码账户交易视为本人"条款存在"免除被告责任、加重原告责任、排除原告主要权利"的情形，而宣告该格式条款无效，进而围绕持卡人的妥善保管义务与银行安全保障义务，适用过错相抵原则进行责任分配。值得追问的是，在通说的语境下，存款人作为债权人仅负有受领等协助履行的义务，但为什么还要有保护密码的义务？

1. 关于"持密码账户交易视为本人"条款的效力

对此，主要有两派争议观点。第一种观点认为，应当全面认可该条款的效力。如无免责事由，私人密码的使用意味着对交易者身份及交易内容予以确认，该条款的约定符合法理，应认可其效力。③该条款既是发卡行的免责条款，也是持卡人的行权条款，两者一体两面、互为对价，不能视交易是否顺利而有选择性地认定其效力，

---

① 李山赓主编：《货币银行学》（第2版），北京理工大学出版社2016年版，第60页。

② "持密码账户交易视为本人"条款主要内容为，凭资金凭证、密码或其他交易验证方式完成的交易，即视为持卡人本人所为，银行不承担责任。参见《中国工商银行借记卡章程（2021年版）》第十五条、《中国银行股份有限公司个人开户及综合服务协议书（2021年版）》第三条。

③ 参见孟勤国、刘生国《私人密码在电子商务中的法律地位和作用》，《法学研究》2001年第2期。

持账号密码视为本人条款是行使银行卡证券资格的正当规则，不存在不公平之处，是为有效。① 第二种观点认为，该条款有其适用前提。由于私人密码的特性，使其成为发卡行与持卡人之间的一种特有的私人信息识别机制，目的就是识别卡的真伪性，伪卡的出现导致这种识别机制不敷其用，因而该条款有效射程仅限于真卡。② 也有学者认为，在存款冒领情形中，应当类推适用代理规则，而"视为本人"条款将第三人的意思表示直接等同于持卡人的意思表示，直接跳过了默示的表见代理规则，将银行作为无权代理相对人的风险转嫁到了存款人身上，因此该条款不具有约定拟制效力，仅具有事实推定效力。③

司法实践中，法院判决多采取第二种观点，认为在我国目前银行卡防伪技术不高、交易设备及系统安全性有待提高的背景下，不能绝对认可该条款的效力，在密码被盗用的情况下不能视为持卡人本人行为，故一般会认定该格式条款因"免除被告责任、加重原告责任、排除原告主要权利"而无效。④

本书认为，上述条款虽然是银行对未授权交易风险进行的事前规避，其效力应当经受合同法或消费者权益保护法有关格式条款的规定的检讨，但就其是否构成《民法典》第四百九十七条关于格式条款无效的情形时，仍应回到存款货币的权利构造本身。考虑到账户的支配力和密码的私密性，一律加重银行责任也不合理。因此，该条款的效力应当纳入银行的识别义务中来判断：在银行尽到了识别义务的情形，因构成债权准占有，该条款就是有效的；在银行未尽识别义务时，因不构成债权准占有，该条款就是无效的。

---

① 参见陈甦《处理银行卡盗刷纠纷的法理基础及实务要点》，《法学杂志》2022年第1期。

② 参见王承堂《伪卡交易损失的分配原理》，《法学家》2018年第5期。

③ 参见金印《论信用卡合同中"视为本人"条款的法律效力》，《东方法学》2015年第2期。

④ 参见张雪煤《银行卡纠纷疑难问题研究》，《法律适用》2015年第3期。

2. 持卡人对账号及安全验证信息的保管义务

人们通常认为，对银行卡、客户端登录密码、支付密码、手机验证码等身份识别信息、交易验证信息进行妥善保管，是持卡人的合同义务，违反该义务将被认为存在过错，可以减轻或免除因存款被盗刷时银行的责任。对违反该义务行为的判断，最高人民法院认为应当以法律、行政法规、行政规章等规定和通常做法为标准，对存款人是否妥善保管银行卡卡片、卡片信息、密码等身份识别和交易验证信息，是否以具有安全性的方式使用银行卡等方面进行综合认定。[①] 但在存款人债权说的语境下，规定存款人的此种义务是值得商榷的：持卡人作为债权人，不存在与发卡行对待履行的义务，保管银行卡及密码是持卡人行使自身权利的体现，即使持卡人遗失银行卡或泄露相关信息，也只是其权利保有不周当，而非对其义务的违反。[②] 即便认为存款人妥善保管银行卡密码等身份信息是一种义务，此种义务与银行正确识别、安全保障义务也并非是具有对价关系的义务，而是不真正义务，所以持卡人泄露密码的行为并非违约行为，无须向银行承担违约责任。

按照《银行卡规定》，持卡人未对银行卡、密码、验证码等身份识别信息和交易验证信息尽到妥善保管义务具有过错，可以减轻或免除银行责任，该做法似乎契合《民法典》第五百九十二条第二款规定的与有过失规则。与有过失即过失相抵，是指受害人自身对损害的发生、扩大存在过失的，可以减轻或免除行为人赔偿责任的规则。[③] 但在通说的语境下，银行的责任是"全有全无

---

① 参见《切实贯彻落实民法典规范银行卡交易秩序依法保障持卡人合法权益——民二庭负责人就〈最高人民法院关于审理银行卡民事纠纷案件若干问题的规定〉答记者问》，最高人民法院官方网站，2021 年 5 月 25 日，https://www.court.gov.cn/zixun-xian-gqing-304781.html，2022 年 6 月 3 日。

② 参见陈甦《处理银行卡盗刷纠纷的法理基础及实务要点》，《法学杂志》2022 年第 1 期。

③ 参见崔建远《论与有过失规则》，《荆楚法学》2022 年第 5 期。

式"的：银行尽到识别义务的，即便向第三人履行，也因构成债权准占有而免责；没有尽到识别义务的，即便持卡人存在过错，也因由银行来承担责任，不涉及过失相抵问题。总之，现有司法实践既考量发卡行在身份识别义务履行中的过错，又考量持卡人对保存银行卡、账号、密码方面是否存在过错的做法，与银行享有存款所有权、是受损方的观点相悖。因此，在存款人债权通说下，双方违约抑或过失相抵的路径都走不通。可见，无论是从存款人权利角度还是"占有即所有"规则的视角，存款人债权说都有逻辑不通之处。

第三节　基于存款合同性质的反思

作为一种交易形式，存款合同起源于货币保管。在现代法上，围绕着存款准备金制度的松动，学界对存款合同究竟属于消费寄托①抑或消费借贷产生了激烈争论，但主张存款合同属于独立合同的学说也很有力。在这些学说中，消费借贷说与存款人债权说一脉相承；消费寄托说虽然也主张合同之目的在于保管，但所有权转移规则与消费借贷无异；独立合同说则否认存款人丧失存款货币的所有权，对通说构成了挑战。为此，有必要考察存款合同性质的历史演变。

一　存款合同借贷属性的形成

（一）纯粹的保管：货币兑换与保管时期

通说认为，现代银行起源于货币兑换业。早在公元前2000年的古巴比伦以及公元前6世纪的古希腊，就出现了西方银行业的原始

---

①　所谓寄托合同，是指当事人一方以物交付他方，他方允为保管之契约。参见史尚宽《债法各论》，中国政法大学出版社2000年版，第515页。寄托与保管含义相同，只是依循不同立法例，在用语习惯上存在不同。

形态——货币银钱业和兑换商，他们主要集中在寺庙周围，为各国朝拜者兑换当地货币或为其保管货币，并为往来于各地的客商提供异地支付服务。① 在这一阶段，货币保管商的义务是妥善保管活期存款，而不能为了自己的利益进行使用。所以，银行对活期存款不支付利息，而且要收取保管费用，这成为银行主要的收入来源。古罗马的银行家也接受"定期存款"并支付利息，可以在约定期限内合理使用，但这被认为是消费借贷，而不是货币非常规保管（消费寄托）。②

（二）伪装的保管：保管与借贷的混同

古罗马的衰亡意味着大多数贸易的消失，在漫长的中世纪，银行业低迷几百年。一直到 11 世纪末 12 世纪初，欧洲地中海沿岸各国国际贸易出现复苏，刺激了银行业的复活。起初，银行家们尊重罗马传下来的合法经营原则，避免非法使用作为货币非常规保管的活期存款，只有作为借贷接受的"定期存款"才可以在约定期限内使用。但随着接受存款数量的增多，银行家们开始把汇兑业务中的闲置资金贷放给社会上的资金需求者并收取利息。③

12 世纪前，教会法对利息是严厉禁止的。随着欧洲商品贸易发展，教会接受了大量捐款，需要为资金寻求适当投资的机会，人们的商业信贷需求也增加。为了规避教会法规对有息借贷的严格禁止，

---

① 参见蒋先玲编著《货币银行学》（第三版），对外经贸大学出版社 2019 年版，第 125 页。

② 优士丁尼《学说汇纂》中将货币等消费物的保管称为"非常规存管"，之所以"非常规"乃是因为消费物的保管不需要返还特定的"原物"，只需要在寄托人需要时随时返还同质同量同类物品，但这并不意味着寄托人丧失所有权。参见［古罗马］优士丁尼《学说汇纂》（第十六卷），李超译，中国政法大学出版社 2016 年版，第 13 页；［英］西蒙·格里森《货币的法律概念》，张铮译，上海人民出版社 2022 年版，第 111 页。

③ 参见苏明政、张满林主编《货币银行学》，北京理工大学出版社 2017 年版，第 97 页。

银行家将借贷伪装成保管，将利息伪装成保管合同延期返还时支付时的罚金，从而使利息的支付变得合理合法。① 到 13 世纪下半叶，教会法学家开始用"利息"一词，表示出借人可以索要的合法收益，在 16 世纪"教退俗进"的背景下，放款收息开始被逐渐接受。② 银行家们"自然地"把保管合同等同于借贷合同，以此证明支付利息是合理的，并试图从法律上证明银行使用活期存款的合理性。

（三）正名的借贷：从保管到借贷的回归

现代意义上的商业银行，起源于文艺复兴时期的意大利。银行除兑换外国货币外，还经营存款、贷款业务，并根据存款人指令办理过户，由于这些经营货币的商人经常坐在长板凳上交易，所以被称为"Banco"（坐在长板凳上的人），英文"Bank"由此而来。③ 现代银行体系的开端，倚赖于部分准备金率和作为最终贷款人的中央银行。最早，为保证银行信用，预防货币流动性风险，银行需要维持对"活期存款"的 100% 准备金率。但自 14 世纪初起，银行家开始"欺骗性地"使用活期存款用来发放贷款，活期存款 100% 准备金原则遭到破坏。④ 部分准备金制度为银行的信贷扩张创造了机会，政府也成为其中的受益者。最终，银行获得了政府的特别授权，得以部分准备金经营业务，并于 1863 年最早在美国以法律形式规定确定下来。由此，银行使用存款人的存款货币（不区分存款类型）来经营业务成为行业惯例，银行从业者甚至法学专家都认为存款人存入

---

① 参见［西班牙］赫苏斯·韦尔塔·德索托《货币、银行信贷与经济周期》（上册），秦传安译，上海财经大学出版社 2016 年版，第 90 页。

② 参见许德风《论利息的法律管制——兼议私法中的社会化考量》，《北大法律评论》2010 年第 1 期。

③ 参见蒋先玲编著《货币银行学》（第三版），对外经贸大学出版社 2019 年版，第 126 页。

④ 参见［西班牙］赫苏斯·韦尔塔·德索托《货币、银行信贷与经济周期》（上册），秦传安译，上海财经大学出版社 2016 年版，第 80—81 页。

银行的款项虽然称作存款，但实际是存款人对银行的贷款。① 也即，存款人与银行订立的是借贷合同。

二　消费借贷与消费寄托之辩

建立法定部分准备金制度的初衷是防范流动性风险，保证银行体系的支付清算，之后才逐渐演变为货币政策工具。② 但在 19 世纪末 20 世纪初的一系列银行挤兑和金融恐慌期间，由于法定准备金难以真正保证存款的完全可兑换性，有的发达国家甚至目前已降低或取消法定存款准备金率。③ 虽然部分准备金制度成为现代银行业经营管理的惯例，但仍有部分经济学家尤其是奥地利经济学派，采取较为激进的态度，坚持否定部分存款准备金率制度，认为货币非常规保管合同中必然需要遵守 100% 存款准备金原则，只要在任何情形下使用存款都违背这一原则，都是侵占行为。④

围绕着存款准备金制度的变化，学术界形成了关于存款合同性质的学说对立。一种学说把货币消费寄托等同于消费借贷，对存款准备金持宽松态度；另一种学说则认为存款合同属于消费寄托而非消费借贷，主张在此基础上宽松对待"使用"存款这一概念，银行家只需审慎投资并遵守行业规章。

在民法上，所谓消费寄托合同，是指以种类物为标的，寄托人转移保管物的所有权于保管人，保管人只需返还种类、品质、数量

---

① 参见李健男《存款行为法律性质新论》，《暨南学报》（哲学社会科学版）2006 年第 6 期。

② 参见李宏瑾《存款准备金制度起源、功能演进及启示》，《金融评论》2020 年第 3 期。

③ 参见彭兴韵《全球法定存款准备金制度的演变及对中国的启示》，《国际经济评论》2005 年第 3 期；张启迪《存款准备金制度的过去、现在和将来》，《经济学家》2021 年第 1 期。

④ 参见［西班牙］赫苏斯·韦尔塔·德索托《货币、银行信贷与经济周期》（上册），秦传安译，上海财经大学出版社 2016 年版，第 114 页。

相同之物的合同。除加上封印予以保管的特殊场合，货币之保管均构成消费保管。① 而消费借贷合同，指当事人约定一方转移货币或其他代替物之所有权于他方，对方只需返还相同种类、品质、数量之物的合同。② 就学术观点而言，消费寄托说在我国居于通说地位。③ 从文义上看，消费借贷与消费寄托在合同目的上存在显著差异：寄托的目的原在物之保管，不在物之使用收益，且系为寄托人之利益；④ 借贷则主要为借用人之利益，且不以保留所有权为目的。但在民法上，由于二者的标的物都是货币或其他种类物，返还义务也都仅限于同种、同质、同量种类物，且均以转移所有权为内容，所以并无本质差别。

正因为如此，比较法上的立法例基本分为两种：一是只规定消费借贷而无消费寄托；二是虽规定消费寄托，但适用消费借贷的规定。例如，《法国民法典》未规定消费寄托，其第 1932 条第 2 款虽然规定了金钱之寄托，但该条款适用的情形限于封存的金钱，第 1892 条、第 1893 条规定了消费借贷，借用人享有借用物之所有权并承担风险。⑤《奥地利民法典》第 957—959 条规定，如果双方合意被保管人使用标的物的，保管合同变更为消费借贷或使用借贷合同；第 983 条规定，基于消费借贷契约，借贷人可以任意处分该物；第

---

① 参见 ［日］我妻荣《债权各论》（中卷二），周江洪译，中国法制出版社 2008 年版，第 194 页。

② 参见史尚宽《债法各论》，中国政法大学出版社 2000 年版，第 275 页。

③ 参见史尚宽《债法各论》，中国政法大学出版社 2000 年版，第 538 页；朱晓喆《存款货币的权利归属与返还请求权——反思民法上货币"占有即所有"法则的司法运用》，《法学研究》2018 年第 2 期；陈承堂《存款所有权归属的债法重述》，《法学》2016 年第 6 期；解亘《冒领存款纠纷背后的法理——王永胜诉中国银行南京河西支行储蓄存款合同纠纷案评析》，《浙江社会科学》2013 年第 2 期；其木提《货币所有权归属及其流转规则——对"占有即所有"原则的质疑》，《法学》2009 年第 11 期；李健男《存款行为法律性质新论》，《暨南学报（哲学社会科学版）》2006 年第 6 期。

④ 参见史尚宽《债法各论》，中国政法大学出版社 2000 年版，第 519 页。

⑤ 参见《法国民法典》，罗结珍译，北京大学出版社 2010 年版，第 447—451 页。

988 条规定，以金钱为标的物的消费借贷契约为借款契约。① 《西班
牙民法典》对寄托合同的规定与《奥地利民法典》规定类似，第
1740 条"单纯借贷"的定义与消费借贷相同。②

德国、瑞士、日本则属于另外一种情形。《德国民法典》第 700
条规定，代替物之寄托为不规则寄托，适用消费借贷合同的规定。③
《瑞士债法典》第 481 条也规定，交付的钱款无封条且未密封的默认
为特殊保管合同，仅需要返还相同金钱额度，金钱的收益和风险由
保管人承受。④《日本民法典》第 666 条规定了消费寄托，保管人可
以根据契约消费保管物的情形，返还与保管物相同数量、品质之物，
准用消费借贷之规定。⑤

从规范与事实的涵摄性上看，消费寄托说更契合存款货币的交
易事实。一方面，消费寄托说更有利于解释存款人的支配权：在消
费寄托中，除另有约定外，寄托人有随时返还请求权；而消费借贷
合同中贷款人将货币所有权完全转让给借款人，一般都有明确的返
还期限，未约定或约定不明的，贷款人也应预留返还的合理期限。
另一方面，消费寄托说更有利于存款的保障。虽然消费寄托说也认
为标的物所有权发生了变动，寄存人仅有债权性的返还请求权，在
保管人破产时寄存人无取回权，⑥ 但在存款的保障上，消费寄托说仍
有消费借贷说难以企及的优势：对货币消费借贷合同而言，出借货

---

① 参见《奥地利普通民法典》，戴勇盛译，中国政法大学出版社 2016 年版，第
185—192 页。
② 参见《西班牙民法典》，潘灯、马琴译，中国政法大学出版社 2013 年版，第
432—440 页。
③ 参见《德国民法典》，陈卫佐译，法律出版社 2015 年版，第 290 页。
④ 参见《瑞士债法典》，于海涌、［瑞士］唐伟玲译，法律出版社 2018 年版，第
119—121 页。
⑤ 参见《日本民法典》，刘士国、牟宪魁、杨瑞贺译，中国法制出版社 2018 年版，
第 163 页。
⑥ 参见史尚宽《债法各论》，中国政法大学出版社 2000 年版，第 538 页。

币的可用性在约定时间内被完全转移，出借方不再享有对物的任何权益；而在货币消费寄托合同中，受托人必须要保证持有同种同量的同类物品的前提下，才能对物享有较为充分的使用、处分权能。因此，即便认为银行自由使用货币是对所有权的行使，也不得不承认存款人在抽象意义上始终保有对同种同量的同类货币具有所有权，对保管物具有连续不断的可用性。这也是货币保管区别于一般种类物的保管的特殊之处。

三　存款合同之新消费寄托说

应当承认，关于存款合同性质的解释，无论何种学说，都必须正视存款人有权随时取款的权利，同时银行还可以使用存款发放贷款，进而创造没有实际储蓄支撑的存款这一事实。[①] 就此而言，不仅消费借贷说无法获得融贯解释，传统的消费寄托说也其实难负重任：认为寄托人原则上有随时返还请求权只是一种基于文义上的空想，缺乏实证法的支撑。事实上，立法上普遍认识到消费寄托和消费借贷的共性，缺乏对消费寄托特殊性的关注。例如，《意大利民法典》第 1834 条规定，除非有不得已事由，消费寄托合同和消费借贷合同在合同约定期限或合理预告期限届满前，不得请求返还寄托物；《日本民法典》第 591 条也规定，未约定期限的出借人需在合理催告期满后才得要求返还，而借用人随时可以返还。而在存款准备金制度松动的大背景下，消费寄托说的最后一个优势消失了。由于银行经营存款业务不再被要求交付 100% 准备金，因此，无法保证存款人在抽象意义上始终保有对银行存款货币的所有权。

---

① 在银行里有现金储备支持的活期存款被称作初级存款，而活期存款中没有银行现金储备支持的那部分存款被称为二级存款或派生存款。银行通过发放贷款创造出没有等额储蓄为支持的活期存款，同一笔现金既在存款人账户中存在，同时，在扣除相应存款准备金之后又出现在贷款人账户，同样表现为贷款人的活期存款。

为此，在主流的消费寄托说与消费借贷说之外，有学者提出了不移转货币所有权的混合合同说，即认为存款合同兼具保管和使用的特点，是保管合同和使用合同的结合；存款人将现金存入银行并非是转移现金所有权的意思表示，而是委托银行保管自己的货币以及获得利息收入，存款人对存款享有的仍然是所有权。[1] 因此，存款合同在性质上属于资金保管与转移资金利用权的混合合同。[2] 此外，还有学者认为，存款合同应作为独立合同对待：存款合同包含交易、服务、利益分享的成分，具有债权债务关系的复杂性与标的物的多样性，存款合同不能也无法被任何一个有名合同所替代，存款合同就是存款合同。[3] 在立法例上，《俄罗斯民法典》《意大利民法典》均将存款合同规定为独立的有名合同，只是仍遵循了存款人债权说：前者虽然未规定货币所有权的移转，但学者普遍认为，货币自转移时所有权归属银行；[4]《意大利民法典》第 1834 条则明确银行取得货币所有权。

本书认为，存款合同是否为独立合同、有名合同并不重要，重要的是存款合同中能否兼顾银行、存款人利益的保护。混合合同说认为存款合同兼有保管和使用的特点，此点与传统的消费寄托说并无不同。但其认为银行取得使用权、存款人取得所有权的主张却构成了对作为通说的存款人债权说的颠覆，可以有效地保护存款人的支配权，这也顺应了要求关注存款人利益的呼声。事实也确实如此。在存款合同中，银行要维持"借短贷长"的负债结构，必然要求对

---

① 参见孟勤国《〈物权法〉的现代意义》，《湖北大学学报（哲学社会科学版）》2007 年第 4 期。

② 参见李前伦《论银行账户资金的权利属性》，《大连海事大学学报（社会科学版）》2008 年第 1 期。

③ 参见夏尊文《存款货币财产所有权研究》，《北方法学》2011 年第 5 期。

④ 参见［俄］E. A. 苏哈诺夫主编《俄罗斯民法》（第 4 册），黄道秀等译，中国政法大学出版社 2011 年版，第 1470 页。

存款的充分利用权，存款人因而必须让渡货币的某种权利。但这种合意很难理解为存款人对货币所有权的放弃，自然无"占有即所有"规则的适用。

这就体现了存款与贷款的不同之处：存款的"存"字体现了存款人的低风险、低回报属性；而贷款作为一种高风险、高回报投资，体现了贷款人以货币所有权进行投资的意愿。因此，贷款可以用消费借贷来解释，但存款却不可以。对此，著名经济学家米塞斯也解释道，信贷意味着以当前物品或服务与未来物品或服务的交换，而货币保管人享有在任何时候取款并兑换成现金的权利，这种权利也是一种当前物品而非未来物品。因此，货币保管"决不意味着存管人放弃了随时处置其效用的权利"。[①] 认为存款人仍保留货币所有权的观点在经济学上并不罕见，如有学者认为，"客户对资金拥有所有权并能自由处置，但为安全、或预防、或支付方便、或盈利、或其他目的而暂时放弃使用权"。[②] 当然，无论对于银行权利的性质如何界定，银行根据法律规定占有、使用货币并获得收益的权利内涵是确定的。

本书基本赞同存款人仍享有存款货币所有权的混合合同说，但该说实为存款人不丧失存款货币所有权的消费寄托说，本书称之为新消费寄托说。这实际上是在存款货币权利构造的问题上，走向了与存款人债权说完全不同的立场——物权构造的进路。但问题并没有至此结束，要提出存款货币的物权构造，证成存款人的物权地位，必须直面如下两个基本问题：一方面，存款人要享有物权，首先要

---

① 参见［奥地利］路德维希·冯·米塞斯《货币和信用理论》，樊林洲译，商务印书馆 2018 年版，第 275 页；［西班牙］赫苏斯·韦尔塔·德索托《货币、银行信贷与经济周期》（上册），秦传安译，上海财经大学出版社 2016 年版，第 11 页。

② 张桥云、侯建强、吴静：《存款产品的合约性质》，"2004 年中国经济特区论坛：科学发展观与中国的发展"学术研讨会论文，深圳，2004 年 11 月，第 264 页。

存在占有的事实，即存款人对存款货币的支配能否构成占有，本书第三章将分析这一问题；另一方面，在存款人享有货币所有权的前提下，如何解释银行利用存款货币进行投资的地位？或者说，银行不取得存款货币的所有权，仅以存款货币的使用权能可否承载此种利用职能？这涉及所有权的理论问题，本书第四章将引入相对所有权概念来处理这一问题。

第三章 存款货币物权构造的占有构成

　　存款人仅享有债权的通说是适用货币"占有即所有"规则的结果，但"占有即所有"的适用前提是构成占有，因此通说要想成立，必须具备仅银行构成占有的条件。但如前所述，在借用账户、错误汇款案件中，法院普遍认为存款人也构成占有。那么，此种理解是否妥当，存款人真的丧失对存款货币的占有了吗？对此，必须回到占有的一般理论上来讨论。值得注意的是，存款货币的占有作为典型的民刑交错的问题，民法上鲜见专门讨论，刑法学界的讨论反而更为深入，备受关注的"许霆案""何鹏案"的讨论焦点都在于存款货币的占有。①

　　不过，刑法学界的讨论虽然拓展了占有的客体以及占有的类型，还有学者提出了存款人与银行对存款货币的"重叠占有论"②，但仍面临如何解释存款人"占有存款债权但是不能行使存款债权"等问

---

① 刑法上对存款货币占有问题的讨论主要集中于不法所有他人错误汇款、挂失提取名下账户他人存款、提取保管的他人银行卡内存款、非法转移他人第三方支付平台绑定的银行卡内资金等情形。参见钱叶六《存款占有的归属与财产犯罪的界限》，《中国法学》2019 年第 2 期；陈洪兵《中国语境下存款占有及错误汇款的刑法分析》，《当代法学》2013 年第 5 期。

② 参见陈洪兵《中国语境下存款占有及错误汇款的刑法分析》，《当代法学》2013年第 5 期。

题。就民法而言，传统民法中的占有限于对有体物的占有，对权利的占有则称为"准占有"或权利占有，但随着社会经济的发展，权利形态和客体也在与时俱进。存款货币也是货币，只是其不具有有形载体，故在占有对象、判断标准等方面存在诸多争议。本书主张存款人与银行构成对存款货币的共同占有，下面分别从刑法、民法角度展开。

第一节　刑法上关于占有的讨论

虽然占有的概念源自民法，但由于民法与刑法在法秩序规范目的上存在区别，刑法与民法上的占有自然存在诸多不同：民法为保护货币流通的动态安全，更加关注货币占有的物权效果，而忽视了对货币占有事实本身的认定；刑法强调对财产法秩序和财产静态安全的保护，必须承认货币占有与归属的分离，如侵占罪的基本特性就在于在犯罪行为实施前财物的占有和所有须是分离的。① 而刑法关于存款货币占有的讨论，无论是对占有客体还是占有的事实控制程度都有了新的认识，这对民法上对存款货币占有问题的阐释有着重要的启示。

一　刑法理论中的占有

一般认为，刑法上的占有是指物理上对财物的现实支配或者控制，以人对物的事实控制力为核心，但也包括社会的、规范的支配。有学者指出，占有概念不是一个靠事实控制力定义的、纯粹物质性的、自然主义的概念，而是以"社会—规范"的因素为主，只要能够从社会一般观念承认维系在人与物之间的那根线始终未断，事实

---

① 参见王华伟《刑民一体化视野中的存款占有》，《法律适用》2014 年第 1 期。

上的控制力就被视作一直存在。①

就此而言，关于占有的事实上的控制力，民法和刑法上是相通的，即占有不限于物理上的控制，还包括虽脱离物理控制但基于一般交易习惯、社会观念判断仍然对物存在控制力。对于后者，民法上称为观念占有，刑法上称为"规范占有"，不过二者在抽象控制的程度上存在不同，民法上的观念占有可以是纯粹基于法律关系而实现管领的间接占有，而刑法更加强调对物的直接占有，否认间接占有或纯粹规范化的法律占有。② 原因在于，民法为了保护动态的货币流通秩序，更多强调货币"占有即所有"规则，而刑法上允许货币占有与所有的分离则是考虑到通过侵占罪等保护财产的法秩序和静态安全。正是由于民法和刑法对占有的内涵、类型定位不同，才使存款货币占有问题在理论界和实务界成为横跨民刑领域的疑难问题。

二　非法占有的刑民分殊

在涉存款货币的刑事案件中，无论是认定行为人构成盗窃罪还是诈骗罪，均需满足"非法占有"的构成要件。而"非法占有"在犯罪体系中十分重要，其在我国《刑法》中共出现了七次，分布在分则的六个条文中。分别是：（1）第三章"破坏社会主义市场经济秩序罪"中第五节"金融诈骗罪"中的"集资诈骗罪"（第一百九十二条）、"贷款诈骗罪"（第一百九十三条）、"信用卡诈骗罪"（第一百九十六条），以及第八节"扰乱市场秩序罪"中的"合同诈骗罪"（第二百二十四条）；（2）第六章"妨害社会管理秩序罪"中第二节"妨害司法罪"中的"虚假诉讼罪"（第三百零七条之一第三

① 参见李强《日本刑法中的"存款的占有"：现状、借鉴与启示》，《清华法学》2010 年第 4 期；车浩《占有概念的二重性：事实与规范》，《中外法学》2014 年第 5 期。
② 参见张明楷《领取无正当原因汇款的行为性质》，《法学》2020 年第 11 期；车浩《占有概念的二重性：事实与规范》，《中外法学》2014 年第 5 期。

款）；（3）第八章"贪污贿赂罪"中的"贪污罪"（第三百八十二条）。此外，在第五章规定的"侵犯财产罪"中，虽然法条并未出现"非法占有"的字眼，但犯抢劫罪、盗窃罪、侵占罪等的行为人须"以非法占有为目的"乃中外刑法通说。[1]

从词义上看，"非法占有"无疑表达了法律对行为人行为的否定性评价，从而对行为人破坏财产归属的行为予以制裁。与刑法形成鲜明对比的是，《民法典》仅有一个条文规定了非法占有，即《民法典》第一千二百四十二条："非法占有高度危险物造成他人损害的，由非法占有人承担侵权责任。所有人、管理人不能证明对防止非法占有尽到高度注意义务的，与非法占有人承担连带责任。"《民法典》还有一个条文规定了"合法占有"，即第四百四十七条第一款规定："债务人不履行到期债务，债权人可以留置已经合法占有的债务人的动产，并有权就该动产优先受偿。"

但在民法上，与刑法"非法占有"最为接近的是"无权占有"。《民法典》第二百三十五条规定："无权占有不动产或者动产的，权利人可以请求返还原物。"所谓无权占有，即无本权的占有，而构成本权的可以是合同关系、物权关系等。那么，无权占有与非法占有能否等同呢？本书认为，应当区分无权占有与非法占有：无权占有仅仅表明缺乏本权，并不区分占有人的主观状态，但很显然，无权占有也存在善意与否的问题，并应区别其法律评价。例如，拾得遗失物为无权占有，但拾金不昧的拾得人不应受法律否定性评价。司法实践中，善意、和平的占有也往往受到肯定的评价，如"孙悦华与通威（大丰）饲料有限公司、孙万明等返还原物纠纷案""垫富宝投资有限公司、王春霞占有保护纠纷案""王克平与王玉林物权保

---

[1] 参见张开骏《非法占有目的之利用意思的疑难问题和理论深化》，《法学家》2020年第4期。

护纠纷案"等。① 易言之，善意的无权占有人不应认定为非法占有。

如此区分非法占有、无权占有也符合刑法学说的发展。在刑法上，虽然通说认为"以非法占有为目的"是多数财产类犯罪的主观要件，具有独立的意义，并可具体化为排除意思等，但近来一种有力的学说认为，非法占有目的中的排除所有意思，不过是造成他人财产损害的故意，而这已包含在财产罪的犯罪故意之内。② 申言之，非法占有的目的与占有型财产犯罪中的犯罪故意并无任何差异，无法发挥独立的功能。正因为如此，非法占有目的在实务中常被称为"非法占有故意"。③

三　存款货币占有的刑法解释及启示

存款货币占有问题对刑法上的占有理论提出了挑战，学理上的探讨要么围绕占有的对象是否包括财产性利益，要么试图将事实占有扩大至法律占有。④ 在存款货币占有归属问题上，以错误汇款情形为例，我国刑法学界的主流观点是归名义存款人占有。根据论证路径的不同，又可大致分为以下几种观点。

一是名义存款人事实占有现金说。该说认为，银行虽在形式上占有存款货币，但是存款人在存款账户范围内对存款货币拥有自由支配和控制的权利，鉴于名义存款人对账户中的存款货币具有实际

---

① 参见江苏省高级人民法院（2020）苏民申 7122 号民事裁定书；辽宁省高级人民法院（2019）辽民申 4226 号民事裁定书；河南省信阳市中级人民法院（2012）信中法民终字第 171 号民事判决书。

② 参见徐凌波《金融诈骗罪非法占有目的的功能性重构——以最高人民检察院指导案例第 40 号为中心》，《政治与法律》2018 年第 10 期。

③ 参见王志远、齐一村《非法占有目的：值得反思的路径依赖》，《社会科学战线》2018 年第 12 期；贾占旭《集资诈骗罪"非法占有目的"要件的理论修正与司法检视》，《法学论坛》2021 年第 1 期；徐威《论功能重塑视角下的"非法占有目的"》，《河南财经政法大学学报》2021 年第 6 期。

④ 刑法上的事实占有是指对财物事实上的支配关系，接近于民法上的直接占有；"法律占有"概念则是指根据法律关系占有财产，接近于民法上的间接占有。

支配的事实，因此，存款人事实占有账户内存款货币。① 此种观点实际上认为"存款"即现金，存款人所占有的是与存款债权等额的现金。也有学者直接明确将存款等同于现金，存款货币具有准物权属性，存款人可以随时支配现金，故对于存款货币而言，合法存款人与银行形成重叠占有。②

二是名义存款人法律占有现金说。"法律占有"的概念出自日本"村长案"，由于日本侵占罪的对象仅限于狭义的财物，不包括财产性利益，为了避免罪刑失衡，从而认定村长通过存款债权而支配银行实际控制的与存款债权等额的现金。③ 该说将存款债权认定为占有现金的手段而非对象，乃是由于日本刑法对财物的狭义规定，而我国刑法并未明确将财产罪的犯罪对象限定为狭义的财物，故张明楷教授等学者就认为，名义存款人在法律上直接占有现金的观点不应得到支持。④

三是名义存款人事实占有存款债权说。该观点主张应当将占有的对象区分为"存款指向的现金"和"存款债权"。其中，前者归银行占有并所有，后者则由名义存款人占有。⑤ 那么，名义存款人如何构成对存款债权的占有呢？对此，一种观点主张引入民法上的"准占有"概念，认为名义存款人对存款债权的此种事实占有，为民法上的债权准占有或权利占有。⑥ 还有学者受日本判例启发，提出纯

---

① 参见黎宏《论财产犯中的占有》，《中国法学》2009 年第 1 期。

② 参见陈洪兵《中国语境下存款占有及错误汇款的刑法分析》，《当代法学》2013 年第 5 期。

③ 村长将作为村里的基本财产的现金存入银行，然后取出据为己有，日本大审院认定村长的行为构成委托物侵占罪。参见张明楷《领取无正当原因汇款的行为性质》，《法学》2020 年第 11 期。

④ 参见张明楷《领取无正当原因汇款的行为性质》，《法学》2020 年第 11 期。

⑤ 参见张明楷《领取无正当原因汇款的行为性质》，《法学》2020 年第 11 期；钱叶六《存款占有的归属与财产犯罪的界限》，《中国法学》2019 年第 2 期。

⑥ 参见张明楷《领取无正当原因汇款的行为性质》，《法学》2020 年第 11 期；黑静洁《存款的占有新论》，《中国刑事法杂志》2012 年第 1 期。

粹的规范性占有概念，认为既然占有的本质是主体对财物的规范性支配，同样可以通过作为制度性事实的各种"工具"，实现对无体的财产性利益的规范性支配，因此财产性利益亦可成为占有的对象。①张明楷教授也认为，既然狭义财物与财产性利益在我国财产罪中的地位是相同的，就应当采取相同的占有概念，名义存款人在事实上占有存款债权，拒不返还存款债权构成侵占罪。②

就上述学说而言，名义存款人事实占有现金说对存款人基于账户而产生的对存款货币的支配力给予了充分关注，对民法上如何解释存款人权利的性质颇有启发，同时也与本书第一章在"存款货币的实践难题"中描述的法院关于错误汇款、借用账户的做法相契合。该说事实上限制了货币"占有即所有"规则的适用，但缺乏"重叠占有"下权利构造层面的说明。名义存款人法律占有现金说的缺陷也很明显，名义存款人对现金的法律占有本质上排除了货币"占有即所有"规则的适用，使名义存款人取得所有权人地位，银行的直接占有则系类似于保管等法律关系的他主占有，不仅与主张适用"占有即所有"的通说相悖，也与事实不符。此外，它还突破了刑法上的事实占有原则，更不容易为人理解。

相较而言，第三种学说占据了主流地位，即应当区分现金和存款债权，并且由名义存款人占有存款债权。从第三种观点的论证路径来看，学者们更加强调刑法占有的直接控制性而否定纯粹的法律占有，于是只能将目光投向扩充占有的客体，认为占有制度同样适用于无形财产等财产性利益。然而，由此又产生了其他争论：既然行为人事实上占有存款债权而成为名义存款人，又如何解释其拒不返还行为构成侵占罪呢？一种意见认为，占有存款债权但是不能行

---

① 参见李强《作为规范性支配的占有——以日本的刑事判例为中心》，《环球法律评论》2018 年第 1 期。

② 参见张明楷《领取无正当原因汇款的行为性质》，《法学》2020 年第 11 期。

使存款债权是由于欠缺法律上的正当原因，名义存款人"无权作为所有者进行利用处分"。① 因此，占有存款债权并不等同于享有"取款的正当权利"。② 这种一方面肯定名义存款人是权利人，同时又否定收款人以权利人身份处分款项的观点看似十分矛盾，因为"肯定一项权利，自然以能够行使为前提，以具有处分可能性为基础，否则，肯定这项权利没有意义"。③ 另一种解释则是，承认名义存款人的存款债权人地位与构成侵占罪之间并不矛盾，占有存款债权并具有取款权限，银行也不能阻止其取款，只是其对错汇的款项，由于终究属于他人的财物而不具有实质性权利，故其无权作为所有者进行利用处分。④

事实上，名义存款人事实占有存款债权说与适用货币"占有即所有"规则的民法通说并无二致。尤其是主张引入债权准占有规则来解释名义存款人的法律地位，与《银行卡规定》和民法学理的合同救济路径一脉相承。但在此问题上，刑法理论也面临同样的问题：作为请求权的债权如何能够成为实实在在的"财产"从而作为犯罪的对象。此外，刑法理论难以解释"占有存款债权"却不能正当"行使存款债权"的原因，是受到"权利"这一自带"合法"属性用语的限制。如果代入无体物的概念，名义存款人对无体物的占有实际是一种无权占有，无论是将存款货币兑换为现金货币还是转账，都是在无权占有状态下的无权处分行为，此种行为与占有并使用一辆摩托车没有本质区别，故而实际受到损失的必然是真实权利人，而非善意履行了给付义务的保管人，关于银行是否系受害人的争议

---

① 参见陈洪兵《中国语境下存款占有及错误汇款的刑法分析》，《当代法学》2013年第5期。

② 参见张明楷《领取无正当原因汇款的行为性质》，《法学》2020年第11期。

③ 参见陈洪兵《中国语境下存款占有及错误汇款的刑法分析》，《当代法学》2013年第5期。

④ 参见钱叶六《存款占有的归属与财产犯罪的界限》，《中国法学》2019年第2期；陈洪兵《中国语境下存款占有及错误汇款的刑法分析》，《当代法学》2013年第5期。

即可迎刃而解。①

综上所述，刑法学界对存款货币占有问题的讨论，明确指出存款债权的占有与所有是可以分离的这一事实，同时在占有的客体及占有的控制力方面都有所突破，这无疑对民法上重新审视存款货币的占有与所有问题具有重要的启发意义。但受传统民法存款货币归属银行观念的限制，刑法理论对银行是否系受害人争议较大，说理不够充分，这也是民法理论应当有所作为以力图实现法秩序统一之处。

第二节　民法上占有客体的扩张

在刑法学界主张将财产利益纳入占有客体时，民法上的占有理论却止步不前。占有概念源自民法，民法上占有的客体最早被限定为有体物，但也经历了向无体物的扩张。那么，在民法上，如何实现对有体物的占有，又如何实现无体物的占有？民法上的占有能否建立起与刑法占有的沟通桥梁？

一　民法上关于有体物的占有

（一）罗马法

在罗马法上，占有的对象是有体物。从起源上看，罗马法上的占有最初是针对公田占有的保护，通过发布占有令状使公田占有人针对他人侵害占有的行为获得救济，从而制止暴行、维持占有秩序。② 因此，罗马法上的占有最初与所有权并无明显的区别。但在占有与可据以占有的权利尤其是与所有权发生冲突时，大法官在权

---

① 如张明楷教授就认为，名义存款人的取款行为造成了对银行占有现金的侵害，该行为应在侵占罪之外另行评价；而钱叶六、陈洪兵等则持否定意见。

② 参见刘家安《含混不清的"占有"——〈物权法〉草案"占有"概念之分析》，《中外法学》2006年第2期。

利确定之前往往发布暂时维持占有现状的命令，因而占有与所有分离的观念逐渐产生。①

就要素而言，罗马法上的占有存在体素和心素两个方面。一方面，体素为客观要件，是指对物实际管领（事实上的支配和管理）的事实，且该管领是绝对的、完全的、排他的。随着经济生活的发展，罗马法对管领的解释从严格而逐步放宽，最初只限于事实上的管领或有达到管领的可能，以后则视物件的性质、用途、价值和社会习惯等而决定。② 可见，罗马法时期的体素也并非仅限于物理上的支配。亦即，所谓的体素，也有观念的属性，体现了某种观念上的控制力。另一方面，心素则为主观要件，指占有人的内心意思，至于意思的具体内容，罗马法没有明确规定，后世罗马法学家的意见则存在分歧。一般认为，应以据为己有的意思为限，只有实际握有的事实而无据为己有的意思，只能成立持有。③ 通说的典型代表是萨维尼，其认为占有是具有所有意思的人完全管领物件，并排斥他人干涉的事实，占有的主观意思仅限于为自己所有，如果只有管领物件的事实而没有所有的意思则只成立持有。④ 但也有反对的观点认为，占有无须以所有意思为要件。例如，耶林就认为，罗马法上的占有除适用时效取得的占有须有所有的意思外，一般占有只要有对物进行控制的意思就已足够，只是人对物在空间上的紧密关系尚不能产生占有，对此还需要物理接近和意思相互结合。⑤ 前者被称为主

---

① 参见周枏《罗马法原论》（上册），商务印书馆 2014 年版，第 456 页。
② 参见周枏《罗马法原论》（上册），商务印书馆 2014 年版，第 461 页。
③ 参见［意］彼得罗·彭梵得《罗马法教科书》，黄风译，中国政法大学出版社 2017 年版，第 222 页。
④ 参见［德］萨维尼《论占有》，朱虎、刘智慧译，法律出版社 2007 年版，第 190 页。
⑤ 参见周枏《罗马法原论》（上册），商务印书馆 2014 年版，第 464 页；［德］鲁道夫·冯·耶林《耶林论占有》，纪海龙译，载王洪亮等主编《中德私法研究》第 11 卷，北京大学出版社 2015 年版，第 73—109 页。

观说，后者为客观说。

　　值得注意的是，即便罗马法上的占有要求兼有实际握有的事实和占有人据为己有的意思两重基本含义，但这两个要件并非必须同时由同一主体所完成。只要根据当时的法律观念、社会习惯或日常生活经验，认为能够对物进行排他性支配，占有的事实就完成了。例如，奴隶、家子和夫权下的妻子都不是法律上的权利义务主体，他们不可以占有物，但是可以持有物，其持有与主人、家长和丈夫的占有意思相结合，从而形成后者的占有。①

　　通说认为，占有在罗马法上是一种剥离了权利内涵的事实，占有背后是否有权利支撑在所不问；而日耳曼法上的占有则是物权的一种表现方式，不仅是一种单纯的事实，还是表彰和推定权利的一种方式。② 日耳曼法中的占有与本权"如一枚硬币之有两面，由一面观之为占有（罗马法上的占有），另一面观之则为权利（物权）"。③ 但也有学者认为，罗马法上的占有为权利（即占有权），法国、日本与韩国民法同之；日耳曼法上的占有为一种事实（即占有），德国、瑞士民法追随之。④ 本书采通说立场。

　　（二）近现代法

　　近代民法形成了"物必有体"的理念。在占有的概念上，法国、德国兼收并蓄着了罗马法和日耳曼法的法律精神和制度，并引领了大陆法系民法占有制度的构建。同时，有体物的占有仍是占有的主要适用对象。

---

　　① 参见［古罗马］优士丁尼《学说汇纂》（第四十一卷），贾婉婷译，［意］纪蔚民校，中国政法大学出版社2011年版，第93页。

　　② 参见［意］彼得罗·彭梵得《罗马法教科书》，黄风译，中国政法大学出版社2017年版，第221页；王泽鉴《民法物权》（第二版），北京大学出版社2010年版，第411页。

　　③ 参见杨佳红《民法占有制度研究》，博士学位论文，西南政法大学，2006年。

　　④ 参见谢在全《民法物权论》（下册），中国政法大学出版社2011年版，第1141页。

1. "物必有体"理念的形成

"物必有体"理念的形成，得益于权利概念的出现以及物权与债权的区分。"权利"概念最早出现于中世纪时期，评注法学家们提出以"对物权""对人权"的区分来取代罗马法"对物之诉"与"对人之诉"之区分。至19世纪，萨维尼将债权从程序法中分离出来，成为独立的实体权利，并直接将"债权"与"物权"进行对比研究，以财产权这一上位概念统摄物权与债权，使得物权与债权在近代法上得以真正区分。① 萨维尼从法律关系的角度，以意思支配的客体为标准，认为物权支配的客体为物（不自由的自然中有特定空间限制的部分），债权支配的是他人人格，只是此种对他人人格的支配不同于对奴隶的人格的绝对支配——债权支配的是具体行为，而非整体自由。② 由此，权利本身不再成为被支配的对象。

在德国，由于民法典出台之前，已经制定了一系列知识产权法，并于1883年加入《保护工业产权的巴黎公约》，没有必要再将通过单行法保护的知识产权纳入民法典。③ 因此，《德国民法典》明确将法律上的物限定为有体物，并以立法的形式确立了债权与物权的分立，"物必有体"的理念由此形成。④ 日本沿袭德国民法体系，并坚持德国法"物必有体"的理念。日本先后受法国民法典、德国民法典的影响，旧民法典中物包括能够为人所感知的有体物和只能为人智力所能理解的无体物（如知识产权、物权以及人权等），而新民法典中的物仅指有体物。⑤

---

① 参见金可可《债权物权区分说的构成要素》，《法学研究》2005年第1期。

② 参见［德］萨维尼《当代罗马法体系》（第一卷），朱虎译，中国法制出版社2010年版，第262页。

③ 参见方新军《盖尤斯无体物概念的建构与分解》，《法学研究》2006年第4期。

④ 《德国民法典》第90条规定："本法所称的物为有体物。"

⑤ 参见李国强《时代变迁与物权客体的重新界定》，《北京师范大学学报（社会科学版）》2011年第1期。

2. 有体物占有的构成

关于有体物占有的构成，一般认为，法国民法更倾向于主观说，延续了罗马法体素和心素要件，仍然将心素限定为自己所有的意思。也有观点认为，《法国民法典》第 2256 条、第 2257 条既规定了为自己意思之自主占有，也包括为他人意思之他主占有。① 不过，法国法对占有保护的实践，使得主观说与客观说的学理分野在法国和德国立法例上已经没有那么大的区别，无论是占有的效果还是法律依据都日益趋同。②

与之相对，德国民法采纳了耶林的客观占有说，并结合日耳曼法中的占有制度，对罗马法占有概念进行了改造，创造出了"直接占有"和"间接占有"的双重占有结构。《德国民法典》第 854 条规定占有是指对物的事实上的支配，该条是对直接占有的规定。③ 直接占有是对物的事实上的支配，主观上仅需具备一般占有支配的意思即可，并不限于据为己有的主观意思。第 868 条规定了间接占有，虽然对物没有直接的事实管领力，但在特定法律关系下，以他人（直接占有人）的事实支配为媒介而实施占有的人也被认为是占有人，即间接占有。④ 间接占有的客观要件不是事实上的控制，而是观念上的支配，即存在基于能够取回物、支配物的权利本身也构成占有的客观要件。间接占有突破了罗马法上占有的事实属性，将占有扩展至观念上的占有。由此可见，德国法上的占有虽然仍强调事实上的控制力，但该种控制力扩大为"对物观念上的控制力"。⑤

---

① 参见杨佳红《民法占有制度研究》，博士学位论文，西南政法大学，2006 年。

② 参见［法］弗朗索瓦·泰雷、［法］菲利普·森勒尔《法国财产法》（上），罗结珍译，中国法制出版社 2008 年版，第 234—236 页。

③ 《德国民法典》第 854 条第 1 款规定："物的占有，因取得对该物的事实上的支配力而取得。"《德国民法典》，陈卫佐译，法律出版社 2015 年版，第 327 页。

④ 参见［德］鲍尔、施蒂尔纳《德国物权法》（上册），张双根译，法律出版社 2004 年版，第 122 页。

⑤ 参见倪龙燕《论间接占有在我国的构建》，法律出版社 2022 年版，第 30 页。

《德国民法典》中的占有概念为瑞士、日本的民法所继受，二者均认为占有是对物的实际支配。一方面，它继承了罗马法上必须要求同时具备体素和心素的传统；但另一方面，将心素扩大为各种为自己的利益而占有的意思。《日本民法典》第 180 条则将基于占有而享有的权利规定为占有权，上升为一种物权。

这表明，有体物的占有日益观念化。人们对支配的理解随着社会交易观念和交易习惯的发展而改变，尤其是社会规则的完善和技术手段的进步，使人们控制财产的手段和方法也更加抽象化，对占有的时间和空间条件要求适当放宽。只要依社会观念斟酌人与物的在空间上的结合关系、人对物占有时间上具有相当的继续性，即可认定为占有。① 诚如史尚宽先生所言，占有是一种社会现象，而不是物理现象，占有的本质在于支配物的事实，须有可从外部识别的具体支配关系，而是否有对物之支配，本不应限于物理支配，而应以时代的社会观念判断控制力是否及于物。② 就此而言，德国法和法国法异曲同工：德国法上的直接占有无须据为己有的意思，间接占有则无须实际握有的事实，占有观念化的趋向增强；法国法上的占有虽然强调事实上行使"某种权利的各种特权"，但占有可以适用于无体物，实际上也实现了对占有观念化的扩张。③

3. 占有的层次性

在社会发展的初期，交易活动相对简单，对于占有的理解也容易分辨，即需要占有人对物存在物理上的控制。随着社会交易活动形态的复杂化，从人与物在空间、时间上的结合关系，到基于法律地位的抽象支配，对于"事实上的控制力"的理解日益观念化，间接占有就诞生于这样的社会背景之下。从制度史上看，间接占有萌

---

① 参见王泽鉴《民法物权》（第二版），北京大学出版社 2010 年版，第 416 页。
② 参见史尚宽《物权法论》，中国政法大学出版社 2000 年版，第 530 页。
③ 参见 [法] 弗朗索瓦·泰雷、[法] 菲利普·森勒尔《法国财产法》（上），罗结珍译，中国法制出版社 2008 年版，第 227 页。

发于日耳曼法，在德国民法典中得到成文法确认，并为瑞士所效仿。日本虽未明确规定间接占有，但理论和实务上也都将其代理占有解释为间接占有，但由于法国民法将占有理解为一种是事实，也不存在日耳曼法上的多重占有，因此并未承认间接占有。① 间接占有实际是占有观念化的扩张，法国法上将无体物作为占有的客体，也是实现观念化扩张的另一种方式。

如前所述，直接占有与间接占有最大的区别在于对物的控制方式的不同。直接占有是指，某人完全实在地占有某物并根据占有意思直接对该物进行实际的支配，无须借助他人帮助。② 间接占有则是基于特定法律关系通过占有媒介人（直接占有人）对物进行控制的占有。与直接占有人对物有直接的、事实上的支配不同，间接占有人对物的支配是一种更加抽象的"观念化"的支配，需要通过返还请求权和占有媒介人的占有媒介意思这两大要件，来确保对物的控制力。在占有媒介人占有期间，其按照间接占有人的意思，维持占有之现状；满足一定条件时，间接占有人依据返还请求权而使占有媒介人返还其标的物，从而恢复间接占有人的直接控制。③ 就间接占有的控制力而言，学理上通常从控制力的唯一性或价值观念、交易习惯出发，认为控制力即排除第三人对物的可能的作用力，或可以对物施加影响力的现实可能性。④

总之，是否对物具有控制力的关键判断标准在于谁的管领意志更有可能被执行，而不仅限于是否直接与物发生物理上的控制关系。因此，可以存在多层次的间接占有。德国法学家沃尔夫就认为，多层间接占有存在于集体安全保管的有价证券中，"保管处是直接占有

---

① 参见杨佳红《民法占有制度研究》，博士学位论文，西南政法大学，2006 年。

② 参见［德］M. 沃尔夫《物权法》，吴越、李大雪译，法律出版社 2004 年版，第 71 页。

③ 参见倪龙燕《论间接占有在我国的构建》，法律出版社 2022 年版，第 37 页。

④ 参见［德］M. 沃尔夫《物权法》，吴越、李大雪译，法律出版社 2004 年版，第 71 页。

人，第一层间接占有人是银行，第二层间接占有人是银行的顾客，他同时也是有价证券（共同）所有人"。①

二 占有客体的无体化倾向

传统民法中有体物的占有规则，为何难以承担起对刑法中普遍存在争议的存款货币占有以及所有问题的基础性指导功能？这就涉及民法上无体物占有理论的相对缺失。

无体物的概念最早可追溯至罗马法，是在与有体物相对的意义上使用的。在罗马法上，有体物、无体物均得为所有权的客体。但后世在法律继受中，形成了不同的做法：法国、奥地利等立法沿袭了罗马法的做法，仍将无体物作为所有权客体；但德国、日本等立法明确规定法律上的物为有体物。而德国、日本等国立法实际上也是以承认有体物与无体物为前提的，只不过作为所有权客体的只能是有体物。所以，有学者认为，"将物理解为有体物和无体物是许多国家法律的共识"。② 占有是对物的事实管领力，占有本身还是所有权的权能之一，故"占有理论应当追随所有权理论"③。

（一）罗马法上的无体物

在罗马法上，凡一切能为权利客体者，均称为物，权利亦包括在内。④ 盖尤斯将物分为有体物和无体物，有体物是指土地、奴隶、金银、衣服等有形财产，无体物包括用益权、继承权、债权、地役

---

① 参见［德］M. 沃尔夫《物权法》，吴越、李大雪译，法律出版社 2004 年版，第 77 页。

② 费安玲：《论买卖合同标的物规则的形成理念——以人格尊严和无体物为分析视角》，《环球法律评论》2022 年第 3 期。《德国民法典》第 90 条、《日本民法典》第 85 条、《智利民法典》第 576 条至第 581 条、《韩国民法典》第 98 条等均有法律上的物为有体物之类似表述。

③ ［意］鲁道夫·萨科、拉法埃莱·卡太丽娜：《占有论》，贾婉婷译，中国政法大学出版社 2014 年版，第 72 页。

④ 参见梁慧星《民法总论》（第六版），法律出版社 2021 年版，第 157 页。

权等。① 盖尤斯借助有体物与无体物的概念，构建了具有很大包容性的物的范畴，优士丁尼《法学阶梯》也以此作为体系构建的基础。② 令人疑惑的是，既然用益权等可以为无体物，作为权利的所有权为何不是无体物？但是，盖尤斯并没有明确解释所有权与有体物的关系，原因主要可能是罗马人尚未产生"权利"的概念，仅是从朴素的"为我所有"的归属角度来理解所有权，这种"所有"的观念与现代法上的与其他权利并列的"所有权"概念并不相同。因此，在没有成熟的权利理论的前提下，为了将与物紧密相关但又不是物本身的用益权、地役权、债权等纳入物法的讨论范围，盖尤斯提出了"无体物"的概念，与有体物一样归属于"所有"，这是一种直观化思维的结果。③

（二）近代法上的无体物

盖尤斯关于无体物概念，一直持续影响到近代民法典的编纂。如《法国民法典》虽然形式上回避了"无体物"的概念，但以财产取代物的概念，并以动产和不动产的区分构建财产权体系，将罗马法上的无体物纳入了动产或不动产中。根据《法国民法典》第 526 条、第 529 条之规定，凡是以不动产为客体的权利，如用益权、地役权、返还不动产的诉权，均为不动产；凡是以请求偿还到期款项或动产的债权和诉权均为动产，公司的股份及其他收益权等也为动产。可见，法国法上的财产是最广义上的概念，对他人之物的权利、要求返还财产的债权和诉权、股权等，均视为民法上的财产，实际

---

① 参见［古罗马］盖尤斯《法学阶梯》，黄风译，中国政法大学出版社 1996 年版，第 82 页。方新军教授指出，罗马法时期并没有产生"权利"的概念，译文之所以使用用益权、继承权等表述，是用我们现代的术语翻译罗马法的结果。参见方新军《盖尤斯无体物概念的建构与分解》，《法学研究》2006 年第 4 期。

② 参见徐国栋《优士丁尼〈法学阶梯〉评注》，北京大学出版社 2011 年版，第 210—212 页。

③ 参见方新军《盖尤斯无体物概念的建构与分解》，《法学研究》2006 年第 4 期。

对应了罗马法上的无体物概念。此外，法国法上承认无体物和非物质之物的范围仍在日益扩大，如商业营业资产、有价证券、智力创造等。① 《奥地利民法典》《智利民法典》则直接采纳了无体物的概念。《奥地利民法典》第 285 条规定的"物"是最广义上的物，第 291 条、第 292 条规定了有体物和无体物的区分。② 《智利民法典》同样存在类似有体物与无体物的划分，并于第 582 条、第 583 条分别规定了对有体物和无体物的所有权。③

上述国家的此种立法常常被批评存在逻辑矛盾。因为随着权利概念的出现与日益成熟，无体物的概念的局限日益显现，所有权作为一种权利也属于无体物之范畴，而有体物与无体物同时还是所有权之客体，必然会引发逻辑悖论。④ 与此不同，在德国民法传统中，法律上的物仅限于有体物，虽然空间、权利也可以例外成为他物权之客体，但所有权的客体只能是有体物。⑤ 《日本民法典》第 85 条也明确将物限定为有体物。总之，《德国民法典》之所以放弃了盖尤斯的无体物概念，是因为当时权利理论已经日趋成熟，债权和继承权从物权中分离出来，物权内部也实现了所有权和他物权的分离，正是上述过程的完成导致盖尤斯无体物概念的分解，同时"物必有体"的理念随之确立。

---

① 参见［法］弗朗索瓦·泰雷、［法］菲利普·森勒尔《法国财产法》（上），罗结珍译，中国法制出版社 2008 年版，第 229 页。

② 《奥地利民法典》第 285 条规定："任何在人以外的并且用做人的使用的物被称为法律意义上的财产。"第 291 条规定："根据其性质的不同，财产可以分为有体的与无体的，动产的和不动产的，消耗的与不可消耗的，可估价的与不可估价的。"第 292 条规定："能以感官感觉其存在的物，为有体物；有体物以外的物，为无体物，如狩猎权、捕鱼权及其他一切权利。"

③ 《智利民法典》第 565 条规定："有实际形体并能被感官察觉的物为有体物，如房屋、书籍；由纯粹的权利构成的物为无体物，如债权和积极役权。"

④ 参见方新军《盖尤斯无体物概念的建构与分解》，《法学研究》2006 年第 4 期。

⑤ 参见［德］迪特尔·梅迪库斯《德国民法总论》，邵建东译，法律出版社 2000 年版，第 875 页；梁慧星《民法总论》（第六版），法律出版社 2021 年版，第 156 页；常鹏翱《物权法的展开与反思》，法律出版社 2017 年版，第 37—39 页。

（三）"物必有体"的突破

随着生产力的发展和人类认识能力的提高，"物必有体"的限制日益受到挑战，同时无体物的内涵也愈加丰富。

首先，有体物的标准从能为人所感知、控制，转变为能够为现代科学技术所识别、度量，并为人所控制，无形之自然力亦可成为物。郑玉波先生主张有体物的认定标准不应局限于"有形"，自然力（水力、电力），亦应列入物之范畴。① 史尚宽先生也认为，物是"有体物及法律上俱能支配之自然力"，电、热等经济效用与有形之物并无差异，亦可称为物。② 《瑞士民法典》第 713 条明确规定了"不动产之外的法律上可支配的自然力"同样属于动产标的物。

其次，存款、股权、知识产权、虚拟财产、电子数据等在生活和交易中地位越来越重要，甚至作为一种排放配额的碳排放权，也可以作为商品进行交易。在有体物之外，智力成果、虚拟财产、数据信息、权利等价值形态的财产成为个人财产的重要表现形式。在美国，养老金、福利资助、补贴、退伍军人伤残补贴、政府福利等都被认为是法定无形财产权。③ 当代社会财富已经呈现出一种不可逆转的无形化趋势或价值本位主义，而传统民法"物必有体"的原则，一定程度上限制了物权的扩张，债权性的保护安全性无疑低于物权性的保护，难以适应人们要求支配、保护多元财产的需求。其实，只要是除所有权之外可转让的财产权，内容和形态明确，能够通过特定形式公示，都可以是作为物权客体的无体物。如我国《动产和权利担保统一登记办法》第二条就采取了详细列举加兜底的方式规定了动产和权利的登记范围，特许权、公用事业项目收益权等各种具有金钱给付内容的债权都可以进行质押，符合无体财产与时俱进

① 参见郑玉波《民法总则》，中国政法大学出版社 2003 年版，第 265 页。
② 参见史尚宽《民法总论》，中国政法大学出版社 2000 年版，第 249 页。
③ 参见宁红丽《物权法占有编》，中国人民大学出版社 2007 年版，第 207 页。

的变化趋势。即便是传统民法认为属于特殊动产的货币，其财产本质在于货币数值和交换价值，货币材料也仅仅是像票据、提单、仓单那样是一个权利凭证而已，因此，货币也是地地道道的无体物。[①]可见，从最开始的有体物到无形之自然力，再到债权、知识产权、虚拟财产、电子数据，不仅自然属性之物在逐渐扩展，权利等纯粹的社会属性之无体物也逐渐受到重视。

我国的物权制度也是按照物债二分的体系展开的。依据《民法典》第一百一十五条之规定，物包括不动产和动产，但法律规定的特殊权利可以作为物权客体。可见，虽然现有物权体系以有体物为参照，强调财产的有体性，但实际上现实中有体物之外的客观存在，在适用物的规则时并无原理上的障碍，以使用价值和交换价值衡量的物都可以成为财产权客体。[②] 实际上，在《物权法》立法期间，就曾有学者主张在立法上应当明确无体物可以准用有体物的相关规定。[③] 就实证法而言，物权、债权区分的意义更多体现为权利保护效果的区别。与其说物即"有体物"，毋宁说"物"即物权客体，舍弃了有体物的图像，而直捣物权客体的规范内涵，以"可支配性""价值性"作为物权客体之判断标准。[④] 这也契合本书第一章提出的物债二分具有相对性的主张。

三　无体物的占有与债权准占有

（一）无体物的占有

潘德克顿民法体系中物之概念的整体发展趋势是：以有体物为

---

① 参见孟勤国《物的定义与〈物权编〉》，《法学杂志》2019 年第 3 期。

② 参见李国强《财产法体系的解释——〈中华人民共和国民法典〉的财产法逻辑》，北京大学出版社 2022 年版，第 111 页。

③ 如王利明教授主持的《中国物权法建议稿》第二条规定："除法律、法规另有规定外，无体物准用本法关于物权的规定。"

④ 参见许可《论虚拟财产的法理》，博士学位论文，对外经济贸易大学，2015 年。

核心构建物权法制度，在社会发展和科技进步过程中逐步突破绝对的"物必有体"，例外承认自然力、空间等也可以视为物，权利在法律规定的情况下成为他物权之客体。对于权利能否成为所有权之客体，部分学者仍然持谨慎的否定态度，认为权利若作为所有权之客体，会导致物的概念过于宽泛，进而混淆债权与物权。①

在人类发展史上，有体物首先成为人类的生产生活资料，进而率先在民法层面被客体化。实际上，物权客体的有体化倾向与法律发展早期人们的实体化思维方式有关，并受制于相应历史时期的经济社会发展水平。在现代社会，实践业已证明，各类经营权、收益权、金融衍生品、虚拟财产等与无体物相关的财产地位越来越重要。因此，现代物权法上的物权客体，不应局限于物的自然属性，更重要的是能够使价值化、观念化和虚拟化的新类型的"财产"进入物权客体的内涵之中，而不仅是作为特例而存在。②

由于所有权与占有之间的密切关联，所有权客体的扩张必然要求占有客体的相应延展。传统的占有制度本身也是基于有体物的归属和利用而提出的，而现代社会无形财产作为物权客体大量进入流通领域，又该如何界定无体物的事实支配状态呢？

传统占有适用于有体物，是指对于物有事实上的管领力。罗马法时期，占有的客体原则上只能是有体物，但后来役权及地上权也可以通过仿照占有保护的方法受到保护，称为权利占有或准占有。③耶林认为，罗马法上对占有进行保护的基础并非是纯粹的事实状态，而是因为占有系"以某种权利作为基础"，因此，占有保护的是权利的行使或权利的事实性，"物的占有是所有权的事实性，权利占有是

---

① 参见史尚宽《民法总论》，中国政法大学出版社 2000 年版，第 249 页；常鹏翱《物权法的展开与反思》，法律出版社 2017 年版，第 39—40 页。

② 参见李国强《时代变迁与物权客体的重新界定》，《北京师范大学学报（社会科学版）》2011 年第 1 期。

③ 参见宁红丽《物权法占有编》，中国人民大学出版社 2007 年版，第 204 页。

他物之上权利的事实性"。① 故而，除支配对象不同外，"占有"和"准占有"在法效上并无实质区别。② 与罗马法上的占有不同，日耳曼法不区分物的占有与权利的占有，对物以及关税、债权等权利的占有统一称为占有。③ 而到了教会法时期，权利占有的客体扩展到了所有教会主权、教会头衔、职务、神职等。④

所谓权利的占有（准占有），是指"一个人的行为如同他就是某种权利的持有人一样，至于他是否系该权利的真正持有人，在所不问。"⑤ 就立法例而言，《法国民法典》第 2255 条规定的占有既包括对物的事实控制，也包括对权利的事实行使。⑥ 该条规定融合了罗马法上的占有和准占有，将对物和对权利的占有统一称为占有。《德国民法典》制定时，起草人认为权利的占有实属多余。⑦ 因此最终未规定一般性的权利占有，只是在第 1029 条规定了对地役权的准用占有保护的相关规则，并于第 370 条规定"收据持有人视为已被授权受领给付，但以给付人所知情事不妨碍认为存在此种授权为限"，同时通过债权表见让与、表见继承等个别条款来保护善意债务人的利益。瑞士民法沿袭了德国法的立场。《日本民法典》第 205 条规定占有制度"准用于以为自己的意思行使财产权的情形"，但 2017 年新修订的《日本民法典》第 478 条、第 479 条放弃了旧民法典"债

---

① 参见［德］鲁道夫·冯·耶林《耶林论占有》，纪海龙译，载王洪亮等主编《中德私法研究》第 11 卷，北京大学出版社 2015 年版，第 73—109 页。

② 参见孙鹏《金钱"占有即所有"原理批判及权利流转规则之重塑》，《法学研究》2019 年第 5 期。

③ 参见王泽鉴《民法物权》（第二版），北京大学出版社 2010 年版，第 411 页。

④ 参见［德］鲁道夫·冯·耶林《耶林论占有》，纪海龙译，载王洪亮等主编《中德私法研究》第 11 卷，北京大学出版社 2015 年版，第 73—109 页。

⑤ ［法］弗朗索瓦·泰雷、［法］菲利普·森勒尔：《法国财产法》（上），罗结珍译，中国法制出版社 2008 年版，第 227 页。

⑥ 《法国民法典》第 2255 条规定："对我掌管之物或行使之权利的持有或享有，或者，对由他人以我之名义掌管之物或行使之权利的持有或享有，谓之占有。"《法国民法典》：罗结珍译，北京大学出版社 2010 年版，第 498 页。

⑦ 参见宁红丽《物权法占有编》，中国人民大学出版社 2007 年版，第 205 页。

权准占有”的表述，改为以是否具有受领权人之外观来判断善意债务人清偿行为的效力。此外，《韩国民法典》第470条使用了“债权准占有”的表述。《欧洲示范民法典草案》则明确采取否定态度，认为“现代金融账户形式”属于无形财产，而占有不能适用于“无形财产”。①

既有立法例表明，在概念构建上，无体物的占有并非难事，关键是如何在不同情形中判断事实管控。② 与有体物占有的不同之处在于，无体物“不是基于物的自然占有而是由法律赋予的一种对物的支配性权利，是由立法者人为界定的一个无形的利益边界”。③ 有体物的占有是实实在在的物之支配，而实际行使某项权利的权利占有则无意或无法支配实物本身。④ 本书认为，鉴于有体物的占有也同样存在观念化的趋势，更不必由于欠缺物理上的支配而否定对无体物的占有，“只要赋予无形动产的占有效力，即可以或多或少的主张体素作为这种占有的构成，无论是事实行为还是法律行为，同样能体现或者存在‘对物的控制’。”⑤ 物的可支配性，其实是指物被特定为某一物进而成为物权支配对象的可能性，物权客体必须具备可支配性，而能否特定化则决定着物有无可支配性，对无体物而言亦是如此。⑥ 本质上，无体物也是可支配的排他性价值，与有体物并无不同。

---

① 参见欧洲民法典研究组、欧盟现行私法研究组编著，［德］克里斯蒂安·冯·巴尔、［英］埃里克·克莱夫主编《欧洲私法的原则、定义与示范规则：欧洲示范民法典草案（全译本）》（第八卷），朱文龙、姜海峰、张珺译，法律出版社2014年版，第47—48页。

② 参见张静《所有权概念有体性之超越及其体系效应——以评析 Ginossar 所有权理论为视角》，《南大法学》2021年第5期。

③ 马俊驹、梅夏英：《无形财产的理论和立法问题》，《中国法学》2001年第2期。

④ 参见［德］M. 沃尔夫《物权法》，吴越、李大雪译，法律出版社2004年版，第71页。

⑤ ［法］弗朗索瓦·泰雷、［法］菲利普·森勒尔：《法国财产法》（上），罗结珍译，中国法制出版社2008年版，第231页。

⑥ 参见孟勤国《物的定义与〈物权编〉》，《法学杂志》2019年第3期。

因此，如同现代法上有体物的占有要素一样，无体物的占有虽然也可以从主观和客观两个角度来界定，但无须具备罗马法意义上的心素要件。就主观而言，无体物的占有无须具备所有的意思，客观要素则如同罗马法上的体素，也即行使权利的事实，相当于有体物占有中的"事实上的管领"。对事实行使权利的认定，也应当依据一般交易或社会观念，综合权利种类、性质、外观等具体情形判断是否存在足以支配该财产权之事实。传统做法对权利占有的判断多基于是否持有书面权利证书，而随着无体物形态发生变化，如存款货币、数据等只需要从网络上便可进行交易。因此，持有账户、密码等也应当认定为具有支配事实。此外，在动产和权利统一登记制度下，应收账款、融资租赁、保理、所有权保留等权利都纳入统一登记范围，以及基金份额、股权、质权等权利可以进行出质登记，登记行为本身也是转移占有的一种方式。

（二）债权准占有中的逻辑一秒钟

参照有体物的占有理论，无体物的占有既可能是有权占有——即权利人正当行使权利，也可能是无权占有——占有人并非债权人，但其以自己的意思行使权利依然会产生相应法律效果，可能导致真实权利人权利的消灭，以及相对人清偿义务的完成。当无权占有的情形发生于债权时，即构成所谓的"债权准占有"。虽然目前我国民法学者对于"债权准占有"的主体仍然存在争议，但绝大多数人认为债权准占有人仅为非债权人，即为无权占有人。依据通说，"债权准占有"是指非债权人以为自己的意思事实上行使债权，依社会一般交易观念有足以使他人信其为真正债权人之外观。① 债权准占有人的类型主要包括持有债权凭证的人、债权让与无效的受让人、表见

---

① 参见宁红丽《物权法占有编》，中国人民大学出版社 2007 年版，第 211 页；杨立新《对债权准占有人给付的效力》，《法学研究》1991 年第 3 期；杨佳红《我国物权立法应否定准占有制度》，《现代法学》2006 年第 3 期；其木提《论债务人对债权准占有人清偿的效力》，《法学》2013 年第 3 期。

继承人或遗赠无效的受遗赠人等。在法律效果上，债务人向准占有人的清偿行为要么产生清偿效力，要么不产生清偿效力。

在比较法上，《法国民法典》本就不区分物的占有与权利的占有，第 1240 条规定"善意向占有债权的人所为之清偿有效"。《德国民法典》未使用"债权准占有"一词，仅以第 370 条等个别条款规定了对善意债务人清偿行为效力的认定。旧《日本民法典》曾明确提出了"债权准占有"一词，但在 2017 年修订时，将第 478 条原有的"债权准占有"概念改为"对有受领权外观之人的清偿"。《韩国民法典》第 470 条依然使用了"债权准占有"的表述。

我国很多民法学者主张采取"债权准占有"的进路，对银行卡盗刷、偷换二维码、债权让与未发生效力或无效等情形中债务清偿效力进行解释。但从《日本民法典》的修订结果来看，无受领权的第三人受领给付能否对债权人发生清偿效力，取决于第三人是否具有受领权的外观。因此，有学者认为，准占有制度的目的在于对权利外观的保护，"债权准占有"的实质内核其实是"受领权外观"问题。[①] 就此而言，债权准占有制度核心并非是将占有规定适用于无体物的占有，而是判断善意债务人向有受领权外观的非真实权利人所为清偿之效力，故"债权准占有"主张在理论和逻辑上也有明显缺陷，[②] 且其作为舶来品在我国并无实证法上的依据，应当被舍弃。[③]

认为"债权准占有"的核心要义是债权的表见受领问题，而非与有体物占有制度相并列的无体物"准占有"的主张，仅仅保护了清偿人（债务人）的合理信赖，亦即基于民法中的外观原理保护了清偿人的合理预期，但无助于解释债权人的债权是如何被清偿，并

---

① 参见宁红丽《物权法占有编》，中国人民大学出版社 2007 年版，第 205 页；孙新宽《债权表见受领的制度构成》，《法学》2022 年第 3 期。
② 参见杨佳红《民法占有制度研究》，博士学位论文，西南政法大学，2006 年。
③ 参见孙新宽《债权表见受领的制度构成》，《法学》2022 年第 3 期。

产生对非权利人的请求权的问题。换言之，它回避了对债权清偿利益移转过程的阐释。对此，刑法视角下的债权准占有可以看得更为清晰：在错误汇款情形中，汇款人错误地将存款汇入收款人账户时，收款人准占有存款债权，存款债权相当于"遗忘物"被收款人事实上支配了，而收款人取现的行为从根本上消灭了该笔存款债权，表明其具有"拒不交出"他人财物的意思和事实，构成侵占罪。[①] 在"偷换二维码"的情形下，债权占有的取得与丧失在逻辑上则更为微妙。很多学者之所以认为"偷换二维码"案构成诈骗罪，是因为无法解释其中的占有转移问题：由于存款货币是从顾客的账户直接转入行为人账户，商家事实上从未占有过相应款项，不符合秘密窃取的构成要件。[②] 采盗窃说的学者则指出，"顾客支付给商家的钱款，无论在社会观念上还是在所有权上，至少在扫码支付的那一瞬间，就已经属于商家所有和占有，行为人采取偷换二维码的手段，将商家所有和占有转变为自己非法占有，正符合秘密窃取的本质特征"。[③]

可见，刑法学者在使用"债权准占有"概念时，认识到了占有债权事实本身的变动，而非将重点仅限于表见清偿。或许有观点认为，债权准占有的清偿效果不是真实发生的，而是"视为"发生，属于法律拟制的范畴，与是否存在占有无关。但实际上，法律拟制并非是对事实的虚构，"视为"一词在拟制中的真实含义应当是"把某事实另行评价为满足某要件"，而非"把某事实看成另一个事实"，即法律拟制不是"对两个不同构成要件的同等评价"，而是对"两个不同具体事实的同等评价"[④]。申言之，法律拟制不是无条件的，而是必须存在一个可被拟制的事实。例如，无权处分本不应导

---

① 参见黑静洁《存款的占有新论》，《中国刑事法杂志》2012 年第 1 期。

② 参见阮齐林《"二维码替换案"应定性诈骗》，《中国检察官》2018 年第 1 期。

③ 周铭川：《偷换商家支付二维码获取财物的定性分析》，《东方法学》2017 年第 2 期。

④ 参见张焕然《论拟制规范的一般结构——以民法中的拟制为分析对象》，《法制与社会发展》2021 年第 4 期。

致物权变动，但因满足善意取得的构成要件，受让人可取得所有权；无权代理本不应发生有权代理的法律效果，但因满足表见代理的构成要件，故可发生有权代理的法律效果。易言之，善意取得、表见代理法律效果的拟制机制是：在满足一定条件下，将无处分权与无代理权的事实分别与有处分权、有代理权的事实同等评价。

就债权准占有而言，虽然债务人的履行行为因占有人的权利外观可被拟制为发生清偿效果，但这只解释了债权准占有的部分内容：债权实现不仅需要债务人的履行行为，同时也需要债权人的受领行为，缺乏债权人的受领，债务人的履行除非构成提存，否则仍不能构成清偿，但债权人受领迟延的，应当承担赔偿责任。由于债权准占有并不涉及债权人的受领问题，而是债务人对债权人发生了不可归责于自己的认识错误。因此，债权人在未进行受领的情况下，是如何失去其利益的呢？相应地，在此过程中，占有人如何构成对债权人利益的侵害，也是不可回避的问题。对于这个问题，由于缺乏受领事实，故无法进行拟制，必须引入其他的解释手段。

在运用民法原理与规则对生活事实进行解释时，为了维护逻辑的完整性，有时存在"逻辑一秒钟"的时刻。如连环买卖中，甲将货物卖给乙，乙又将同批货物卖给丙，并要求甲直接将货物交付丙。在生活世界中，虽然只有一次交付行为，但在民法逻辑上却构成两次交付，并且两次交付与转让所有权的合意结合导致两次所有权之取得，并且之间存在先后之分，即"逻辑一秒钟"的间隔：货物所有权先由甲公司移转于乙公司，再由乙公司移转于丙公司。① 在债权准占有中同样存在"逻辑一秒钟"的时刻：在"偷换二维码"情形中，顾客扫描二维码支付的行为，商家首先获得存款债权，尔后偷换行为人才以不法手段取得了属于商家的存款债权；在银行卡盗刷情形中，行为人盗刷的瞬间，真实权利人首先获得了清偿利益，尔

---

① 参见杨代雄《民法上的"逻辑一秒钟"》，《中外法商评论》2021年第1期。

后行为人才从真实权利人处以不法手段取得该清偿利益。顾客与银行已经完成了合法交付，这也是为什么银行并非受害人的原因。

也许会有人认为，"逻辑一秒钟"只是一种解释工具，因而是虚构的。但从民法原理上说，并非如此。"逻辑一秒钟"虽然是逻辑性的，但并不意味着它是虚构的，而是有其事实基础。由于债权准占有系针对债务人的清偿行为，所以占有人占有的绝不仅是一个请求权这么简单：既然是针对债务人的清偿行为，则意味着债务履行期已届至，且债务人有履行能力和履行意愿，此时如果没有占有人的行为，债权人将获得完整的履行利益。而占有人的行为后果恰如债务人向债权人履行之后，从债权人处将财产秘密窃取。因此，"逻辑一秒钟"的演绎虽然不是真实发生的，但并非没有事实基础，也谈不上是虚构的。

第三节　存款货币的共同占有论

打破了占有客体的有体性后，存款货币的占有就有了其他解释的可能。亦即，在仅由银行单独占有存款货币说外，还留下了存款人占有的可能性。这就为本书所持的存款货币"共同占有"论留下了空间。至于共同占有的法律效果，则涉及存款货币的物权构造问题，其中尤其有打破绝对主义所有权观念的必要性，对此，本书第四章将进行专门讨论。本节仅从占有的概念和标准角度讨论存款货币的占有。

一　存款货币共同占有中的支配构成

在存款货币的占有中，对银行进行了占有这一表述应无异义。一方面，现金货币和存款货币并无本质不同。货币的本质是一种价值，无论是现金货币还是存款货币，抑或数字货币，仅是货币载体的不同，不能成为区别对待货币本质属性的理由。尤其在现代经济生活中，存款货币在流通中发挥了越来越重要的作用，以存款货币为基础的网络支付甚至取代现金支付成为支付结算常态，存款货币作为一种无体物成为物权的客体完全具有合理性和可行性。另一方面，银行对现金货币和存款货币具备占有的客观和主观要素。现金货币由银行占有的观点很容易被接受，而对于存款货币，其在银行资产负债业务中的地位与现金货币并无不同。实际上，存款货币中仅有一部分原始存款有现金货币的支撑，还有一部分是银行通过发放贷款扩张信用而产生的派生货币，但贷出的款项依然属于存款货币，只是没有实际的现金货币支撑。可见，在可支配性上，存款货币反而更强。总之，银行既具有主观上占有的意思，客观上还具有对现金货币和存款货币的实际管控力，故银行当然占有存款货币。

　　然而，按照传统民法的立场，基于"占有即所有"规则，仅银行构成对存款货币构成占有并且具有所有权，而存款人只享有债权意义上的请求权，并无讨论存款人占有存款货币的余地。但如前所述，关于借用账户、错误汇款的司法实践中，却多有认为账户持有人、实际存款人也存在对存款货币的占有的立场，刑法学界也出现了存款人与银行"重叠"支配存款货币的主张。持存款人债权说的学者也认为，与普通债权相比，存款债权表现出极强的控制与支配特征，更接近于存款人对现金货币的占有支配，具有鲜明的物权性特征，是一种观念上具有归属意义的权利。[1] 实际上，存款货币的形态并不是否定存款人占有事实的理由，存款货币作为无体物，存款人同样可以对其进行占有。[2] 本书认为，存款人和银行构成对存款货币的共同占有。此种共同占有不同于因直接占有、间接占有的分工

---

　　① 参见司伟《错误汇款返还请求权排除强制执行的效力研究——基于裁判分歧的展开与分析》，《比较法研究》2022 年第 6 期。

　　② 相同观点参见司伟《错误汇款返还请求权排除强制执行的效力研究——基于裁判分歧的展开与分析》，《比较法研究》2022 年第 6 期。

而形成的多人占有，因为存款人对现金货币、存款货币具备直接占有的主观和客观要素：无论从存款人个人主观要素还是社会一般观念来看，存款人对其存款账户内的存款货币都有支配的主观意思；存款人基于账户也可以随时控制存款货币，且此种支配并无履行期限、诉讼时效的限制。

占有的核心要素是实际控制与支配。对于存款货币这种无体物而言，对其共同占有存在如下几个特点：首先，共同占有所支配和控制的是存款货币的价值。传统民法观点否定存款人占有现金货币和存款货币，其核心理由无外乎存款货币不能成为物权法上的"物"，更无从论及支配及占有问题，一般意义上的"债权准占有"也仅从表见清偿的角度来认识占有的法律效果。实际上，形体支配不是物权支配的唯一形式，形体仅使得有体物的可支配性直观而鲜明；无体物虽没有形体支配但有价值的归属问题，而归属的本质是所有权，无体物的支配实质是指对其价值的支配。

其次，共同占有的前提是存款货币的"特定化"。物的可支配性并非来源于物的形态，而是来自物的特定化。① 主流学说对物权标的特定化原则的理解过于狭隘，"特定"应包括物理特定和价值特定，如浮动抵押和动产流动质押均不存在物理上特定的标的，物权的标的实际是不断浮动的物所体现出的特定价值；账户质押中只要账户余额不低于担保债权价值，即能满足质押标的特定之要求。《担保制度司法解释》第七十条也明确规定，对于保证金质押，不得以账户内资金浮动为由否定担保权人的优先受偿权，只要"账户及资金区别于质押人的其他财产"就完成了特定化的要求。② 此外，根据《民法典》第四百条、第四百二十七条以及《担保制度司法解释》

① 参见孟勤国《物的定义与〈物权编〉》，《法学杂志》2019 年第 3 期。
② 参见最高人民法院民事审判第二庭《最高人民法院民法典担保制度司法解释理解与适用》，人民法院出版社 2021 年版，第 581 页。

第五十三条之规定，只需要对担保物进行可合理识别的概括性描述即可。有学者指出，此种物权客体特定性原则的缓和是《民法典》功能主义担保观的体现，将担保物的特定化推迟到了权利行使时。[①]可见，在功能主义担保观下，对物权客体特定性的要求不必局限于有形的特定，只要社会一般观念认为占有人支配之价值与原权利人原先支配的价值具有同一性，即满足了价值特定性。[②] 对存款货币而言，只要具有价值上的特定性，其同样具有可支配性，就能够成为占有或所有的客体。

再次，存款人与银行的共同占有是一种动态的占有。如前所述，物权客体特定性原则已经在方式和时间两个方面得到缓和，虽然银行可以无差别地使用账户内的存款货币，但只需要保证特定存款人要求行使权利时可以随时实现即可，因此账户内的存款货币在被银行使用的同时，仍然维持着价值上的特定性。此种占有结构与动产流动质押中的占有内涵颇为相似。以往观点认为，动产质押必须将质押物交付质权人，所谓交付是"双方都愿意的、出让人向受让人转让直接占有的行为"，这一行为使得权利的变更能够从外部加以识别，并且只有受让方取得单独占有且出让方不再享有任何占有时，交付才得以完成。[③] 但是，质权人并不一定具有在物理上管理、控制质物之能力和意愿。故有学者指出，动产流动质押中的质权人与出质人完全可以实现对标的物的共同占有，并以此作为质权设立之公示，共同占有的形态既可以是共同直接占有，也可以是共同间接占

---

① 参见王立栋《功能主义担保观下物权客体特定原则的现代理解及其法律实现》，《学习与探索》2021 年第 6 期。

② 参见孙鹏《金钱"占有即所有"原理批判及权利流转规则之重塑》，《法学研究》2019 年第 5 期。相关案例如"中国农业发展银行安徽省分行诉张大标、安徽长江融资担保集团有限公司执行异议之诉纠纷案"，最高人民法院指导案例第 54 号（2015）。

③ 参见［德］M. 沃尔夫《物权法》，吴越、李大雪译，法律出版社 2004 年版，第238 页。

有，还可以是直接占有和间接占有的共存。① 动产流动质押的出质人在质押期间能根据约定提取、置换或增加货物，其担保交易结构是动态的、持续的，是质权设立、消灭或再设立的过程集合，质物的流出或补入并不实质影响标的物的特定性。② 总之，在动产流动质押中，质权人、出质人可以对质物实现共同占有，而且是动态浮动的占有，只需要保证占有的标的物在价值上特定即可。此种结构与存款人和银行对存款货币的占有极为相似。与静态的支配相比，存款人和银行对存款货币的占有更像是一种动态管控：货币具有流动性，银行可以支配并使用，只要保证在存款人支取时有足够充足货币即可。

最后，存款人与银行对存款货币的占有是直接的共同占有。对存款货币而言，银行和存款人都存在占有的意思和事实管领力，得构成共同的直接占有。通常，认为银行对存款货币构成直接占有与支配并不存在理解上的障碍，解释的难点在于存款人是否构成直接占有。其实，即便是存款货币债权论者都不得不承认存款人享有对"现在财货"的直接、随时支配权，只是在解释上止步于现代银行业"存短贷长"的行业惯例，放弃了对经济现象进行透彻的法律分析。从占有的主观要素看，存款人无疑具备占有存款货币的意思。从占有的客观要素看，存款人甚至不需要通过占有媒介人而直接实现对存款货币的事实管控，银行账户的存在使得存款货币能够实现特定化，进而实现与他人财产的划分，成为独立的存在。存款人则只需要根据自己设置的密码与验证信息，即可以实现对存款货币的直接控制与支配。

那么，银行与存款人的共同占有属于何种具体形态呢？在物权

---

① 参见常鹏翱《论存货质押设立的法理》，《中外法学》2019 年第 6 期。
② 参见常鹏翱《供应链金融背景下存货动态质押的疑点问题研究——以"民法典担保制度司法解释"第 55 条为中心》，《清华法学》2021 年第 4 期。

法上，以占有人有无独立的对物之支配为标准，又可分为分别的共同占有和统一的共同占有，前者每个占有人都有独立的物之支配权，只是相互之间受到限制，后者各占有人并无独立的物之支配，只能结合为一个支配权。① 就存款货币而言，存款人与银行的共同占有更接近于分别的共同占有，存款人只要提供正确的预留密码等支付指令就可以自由支配存款货币，银行也可以在业务经营范围内自主支配、利用存款货币。只是与传统有体物的物理性共同占有相比，存款人与银行对存款货币的共同占有是一种价值性的共同占有，即存款人支配的也是特定价值的存款货币，银行须在保证特定账户内存款货币价值特定性的前提下，才可以自主支配存款货币。

二　存款货币共同占有的认定规则

从静态维度看，在银行和存款人之间，可以构成对存款货币的共同占有；而在动态的交易流转过程中，尤其是存在借用账户、错误汇款、偷换二维码、银行卡盗刷等情形下，又该如何认定占有存款货币这一事实呢？综合司法实践中的经验做法，本书认为主要有以下三个认定标准。

第一，原则上应当推定账户户主实际占有存款货币。如在第二章中所阐述的那样，银行账户作为一种以电子数据形式记载的电子账簿，是当事人与银行发生法律关系的起点和基础，具有使存款货币特定化进而具备可支配性的功能，账户户主通过身份凭证和交易密码实现对存款货币的自由管控。对于抽象的存款货币而言，账户实名制使账户本身就具备了一种可以被外界识别的权利表征，并推定账户户主本人独自知晓并控制交易密码，账户金额的变动即为存

① 参见史尚宽《物权法论》，中国政法大学出版社 2000 年版，第 539 页；王泽鉴《民法物权》（第二版），北京大学出版社 2010 年版，第 442 页；郭明瑞《物权法通义》（修订本），商务印书馆 2022 年版，第 446 页。

款货币转移的事实。正是基于此种权利外观主义,《支付结算办法》第十六条、《最高人民法院关于人民法院办理执行异议和复议案件若干问题的规定》第二十五条规定了"谁的钱进谁的账"原则,要求按照账户名称判断存款的占有及归属。所以,在错误汇款情形下,汇款人通过控制账户和交易密码,将存款货币汇入他人账户,便丧失了对存款货币的占有;相反,收款人则取得对该部分存款货币的占有。

第二,有相反证据的情况下应当进行实质性判断。按照法律规定和银行业惯例,账号、密码仅限于本人使用和知晓,但这只是银行法的相关管理性规定,并不能以此认定借用银行卡账户的行为无效,进而直接否定他人对账户内存款货币进行占有并处分的事实。质言之,对账户内存款货币占有事实的认定,是需要进行实质性判断的。① 只有同时掌控账户及密码,才能对银行发出有效的支取、汇付、挂失等指令,才可以实现对存款货币的支配。因此,如果有相反证据推翻银行存款账户权利外观的推定,如在借用账户、盗刷银行卡情形下,账户可能系由他人代开、交易密码由账户户主与他人共同控制、交易密码完全由他人控制等,此时实际控制密码和账户的人才是真正的占有人。在共管账户②的情形下,共管账户的开户人可以是出资方、受让方或第三方,银行预留各方印鉴,账户开户人及其他共管人均不具有完全的控制权,只有各方控制权之和才可以形成对账户的完全控制。司法实践中,法院常以"共同监管仅仅是对账户资金收支的控制方式,不代表对资金的占有"为由,③ 否定账户开户人之外的共管人享有存款货币所有权或共有权。本书认为,

---

① 参见陈洪兵《中国语境下存款占有及错误汇款的刑法分析》,《当代法学》2013年第 5 期。

② 实践中,为加强专项借款或者项目资金的管理使用,防止账户内资金被盗用、挪用,交易各方通常在合同中约定设立共管账户以及货币支付的管控措施。

③ 相关案例参见最高人民法院(2017)最高法民申 1733 号民事判决书;四川省成都市中级人民法院(2018)川 01 民终 1704 号民事判决书。

各共管人都无独立的对账户内存款货币之支配，只能结合为一个支配权构成统一的共同占有，因此属于统一的共同占有。只是此种占有并不具有推定"所有"之效力，相应存款货币的归属仍然需要以当事人转移所有权意思的时间和条件的满足为前提。

第三，即将取得存款货币占有的情形。在偷换二维码情形下，按照社会一般观念，顾客扫描二维码转账付款前，如无外界干扰性因素，商家完全可以取得存款货币。对照有体物占有的形态，在顾客扫码支付时，商家已经以某种形态对顾客支付的存款货币实施着占有。此种占有虽非物理性支配，但并不影响钱款应属商家所有和占有这一事实认定。① 行为人未经同意而侵入商家的支配领域，打破了商家对作为货款的存款货币之规范占有，进而建立了自己的占有。在这里存在着不容为人察觉的占有转移或者变更，但此种转移或者变更却不容忽视。根据"逻辑一秒钟"的推理，在商家债权之受领濒于实现时，其对债权的管领力体现为一种观念占有形态，商家首先已经获得存款债权，而后偷换行为人才以不法手段取得了属于商家的存款债权。此种观念占有的形态，足以充实刑法上占有所要求的现实管领力，从而被承认为对债权利益的刑法上占有，故偷换商家收款二维码的行为，构成对商户债权利益即应收价款的盗窃。②

---

① 参见周铭川《偷换商家支付二维码获取财物的定性分析》，《东方法学》2017 年第 2 期。

② 参见郝赟《论债权之受领权能作为财产罪中的占有形态——基于二维码案的定性分析》，《法理——法哲学、法学方法论与人工智能》2020 年第 2 期。

第四章　存款货币物权构造的
物权效果

　　实际上，存款货币物权构造的最大难题不在于占有的构成，而是如何解释其物权效果。亦即，为什么银行享有存款货币的所有权不是银行业务经营的必要条件？有意见认为，用债权或物权理论来解释存款货币的权利构造都会产生困惑，应当借鉴英美法系的信托制度，对所有权权能进行分割，在存款货币之上架构双重所有权，银行对该项资金享有管理权、处分权和收益权，而存款人则享有部分的收益权和物权请求权。[①] 也有学者提出存款货币二元论观点，认为存款人和银行都对账户内的存款货币享有使用权，存款人可以合法处分，银行可以合法利用。[②] 上述主张在结论上颇有启发意义，但难以为现代物权理论所接纳：双重所有权是不是所有权，是否早已成为明日黄花？所有权权能可以分割吗？存款人的所有权与银行的所有权有何异同，又如何共存？

　　本书认为，传统的所有权概念无法建构存款货币的物权构造，但这不意味着银行享有存款货币的所有权构成银行正常经营的必要条件。作为物权法上的基石概念，所有权的复杂性实在被我们轻视

---

　　① 参见谢华宁、潘悦《以信托为鉴，重构存款所有权》，《黑龙江省政法管理干部学院学报》2005 年第 5 期。

　　② 参见刘少军、王一轲《货币财产（权）论》，中国政法大学出版社 2009 年版，第 133 页。

了。事实上，所有权概念不是平面的、形式的，而是立体的、结构主义的。只要我们意识到相对所有权的客观存在，意识到其对现代所有权（绝对所有权）的有益补充，则不仅银行享有对存款货币的所有权，存款人也可以享有某种所有权意义上的权利。上述主张虽然在表达上缺乏规范性，但它揭示的道理是，在社会分工日益细化的今天，财产的归属与利用普遍分离，绝对所有权的适用范围存在客观局限。[①] 为此，下文在引入、论证相对所有权概念、权能构造及现实合理性的基础上，分析存款货币物权构造的法律效果。

第一节　作为分析工具的相对所有权

关于所有权的概念，《民法典》第二百四十条规定："所有权人对自己的不动产或者动产，依法享有占有、使用、收益和处分的权利。"显然，这是一种现代意义上的权能充分的所有权，又称绝对所有权。就此而言，《民法典》似乎排斥了权能受到限制的相对所有权的存在。但与原《物权法》相比，《民法典》引入了功能主义担保观，即在动产担保制度规则的设计上，既维持了权利类型化的形式传统，又通过交易规则上的一体化间接实现了功能主义的立法目的。[②] 一般认为，《民法典》将功能上起担保作用的交易形式纳入担保合同范围，是对物权法定原则的缓和，也为形式主义立法模式之下的金融担保创新留下了空间。[③] 就体系而言，功能主义担保观是对形式主义物债二分体系局限性的修正和补充。不唯如此，它也对现

---

① 参见孟勤国《〈物权法〉的现代意义》，《湖北大学学报（哲学社会科学版）》2007 年第 4 期。

② 参见高圣平《动产担保交易的功能主义与形式主义——中国〈民法典〉的处理模式及其影响》，《国外社会科学》2020 年第 4 期。持类似观点的学者如王利明、谢鸿飞、纪海龙、李运杨等。

③ 参见王利明《担保制度的现代化：对〈民法典〉第 388 条第 1 款的评析》，《法学家》2021 年第 1 期。

代法上的所有权概念造成了冲击。因此，只要我们改变对所有权概念的形式主义理解，认识到作为功能主义化的所有权——相对所有权的客观存在，则存款人对其存款货币享有所有权（即便不是充分的），就有其规范基础。

一 相对所有权概念的引入

"相对所有权"作为一个学理上的概念，常用来指中世纪封建主义的双重所有权和现代英美法系中的双重所有权，或是作为与绝对所有权相对应的概念。① 虽然相对所有权并非当前通说，但其作为绝对所有权的补充，既有其历史渊源，也体现了《民法典》上绝对所有权的功能化，并未违反物权法定原则。

（一）相对所有权的概念与渊源

虽然在现代民法体系中，所有权的相对性屡被提及，但学者们多在具体问题场域对其作理念性描述，而对相对所有权的概念少有明确界定。如梅夏英教授认为，在物不可以进行"量的分割"，而由团体或多人共同占有和共同使用的情形下，就会出现"相对所有权"，本质上是对所有权"质的分割"或"权利的分割"。② 冉昊教授指出，英美法系的所有权并非绝对性的权利，而是在具体情形中"相对有效"的权利，应当借鉴英美法系双重所有权和相对产权理念，对大陆法系绝对所有权进行区分和解构，以实现事实上的"相对化"。③ 马新彦教授认为，所有权的权利束正朝向分离、碎裂的趋势发展，在一物之上形成多重所有权，是罗马法所有权理论在大陆

---

① 参见梅夏英《两大法系财产权理论和立法构造的历史考察及比较》，载易继明主编《私法》第 1 卷，北京大学出版社 2001 年版，第 204 页。

② 参见梅夏英《民法上"所有权"概念的两个隐喻及其解读——兼论当代财产权法律关系的构建》，《中国人民大学学报》2002 年第 1 期。

③ 参见冉昊《"相对"的所有权——双重所有权的英美法系视角与大陆法系绝对所有权的解构》，《环球法律评论》2004 年第 4 期。

法系的新发展。① 房绍坤教授和曹相见教授认为，所有权有绝对所有权与相对所有权之分，集体土地所有权以利用为中心，是与以归属为中心的所有权相对的所有权形态。② 李国强教授则尝试对相对所有权进行定义，他认为，"所谓相对所有权，是对物权客体上价值的一种立体分割，即在同一物权客体上可以存在两个或两个以上相容的物权，也可以在不特定的物权客体上成立一个或多个特定的物权"。③ 通过以上描述及定义可以发现，相对所有权的核心要义在于权利的"相对性"。

　　相对所有权并非学理上的闭门造车，而是具有深厚的历史基础。即便是在奉行绝对所有权的罗马法时期，所有权也受到用益权等他物权的诸多限制，所有权人的权利在事实上被削弱到最小状态。因此，人们通常在理论上用"虚空所有权"来概括该期间内所有权的状态。④ 此外，在罗马市民法上还存在双重所有权，如针对奴隶的所有权，可以分为根据罗马法所拥有行使的所有权和实际支配的事实所有权。⑤ 中世纪注释法学家通过对罗马法文献的解释，形成了"直接所有权"与"用益所有权"两种类型的所有权，此种所有权分割现象在中世纪不动产领域占据了主导地位。⑥

　　到了近代，为契合反封建的时代需求，大陆法系强调所有权的绝对性，反对封建法中的分割所有权。⑦ 正是这种意识形态上的强

---

　　① 参见马新彦《罗马法所有权理论的当代发展》，《法学研究》2006 年第 1 期。

　　② 参见房绍坤、曹相见《集体土地所有权的权能构造与制度完善》，《学习与探索》2020 年第 7 期。

　　③ 李国强：《相对所有权的私法逻辑》，社会科学文献出版社 2013 年版，第 113 页。

　　④ 参见费安玲《罗马法对所有权限制之探微》，《比较法研究》2010 年第 3 期。

　　⑤ 参见陈永强《英美法上的所有权概念》，载陈小君主编《私法研究》第 16 卷，法律出版社 2014 年版，第 211 页。

　　⑥ 参见王洪亮《分割所有权论》，《华东政法学院学报》2006 年第 4 期；陈晓敏《大陆法系所有权建构的两种视角——罗马法和中世纪所有权的两种视角》，载陈小君主编《私法研究》第 11 卷，法律出版社 2011 年版，第 57 页。

　　⑦ 参见房绍坤、曹相见《集体土地所有权的权能构造与制度完善》，《学习与探索》2020 年第 7 期。

调，让人们产生了绝对所有权可以包打天下、分割（相对）所有权已是明日黄花的印象。然而，政治、法律上的口号不能代替实践上的需要，否则人们很难解释：为何在罗马法上，当绝对所有权亦处于襁褓中时，相对所有权也同时开始了萌芽。不唯如此，具有相对所有权属性的地上权、永佃权仍在大陆法系普遍存在，它们虽然被归入用益物权的体系，但它们实际上具有所有权与用益物权中间状态的特殊性。

与近现代大陆法系对分割所有权的反叛不同，封建土地保有关系却造就了英美法独特的所有权分割法律思想及双重所有权理论。[①] 英美法系财产法并不强调所有权的绝对性，而是更多地关注财产权利中的各种不同权益，与其说所有权指对其所拥有之物的绝对权，毋宁说是法律所认可的最完整的权利束。[②] 所谓"权利束"是指，一宗财产上的财产权实际是由多重权利集合在一起所形成的一束权利。[③] 故可以对财产权进行多元分割以满足不同的财产利用目的，相对性也由此构成了"权利束"的基本特征。正是由于放弃了形式上对权利类型和效力的预设，"权利束"理论更加适应日益复杂的财产形态，因而在解释难以纳入排他性权利保护范畴的新型财产权方面颇有建树。[④]

"权利束"理论体现了英美法上悠久而独特的工具主义化的财产观念，这反映在担保领域就形成了功能主义担保观。在此种担保观下，无论担保物所有权归属于担保物权人还是债务人，都统一适用

---

① 参见陈永强《英美法上的所有权概念》，载陈小君主编《私法研究》第 16 卷，法律出版社 2014 年版，第 199—201 页。

② 参见陈永强《英美法上的所有权概念》，载陈小君主编《私法研究》第 16 卷，法律出版社 2014 年版，第 198 页。

③ 参见王利明《论数据权益：以"权利束"为视角》，《政治与法律》2022 年第 7 期。

④ See Jane B. Baron, "Rescuing the Bundle-of-rights Metaphor in Property Law", *U. Cin. L. Rev.*, Vol. 82, 2013, p. 57.

相同的担保规则。但"所有权无关紧要"的要旨并非放弃对货物所有权的认定，而是被功能化为工具意义上的所有权，因而不同于大陆法系意义上的抽象的、静态的自物权。① 此外，英美法系所有权有普通法所有权和衡平法所有权之分，前者可以对抗所有人，后者只能对抗某些人，衡平所有权对普通所有权起到补充、缓解作用，这种二重结构也是英美法系财产权相对性特征的重要表现。② 可见，英美法系"权利束"理论和双重所有权结构都内含一种相对性，而这种相对性，恰恰是功能主义的直接体现。

　　一般观念认为，两大法系基于各自的法律传统最终形成了不同的财产法结构，英美法上的所有权概念很难融入大陆法系民法体系中。但不可否认的是，二者在面临的法律问题及制度功能上却存在共通性，即均需要满足多层次分工和复杂交易的需求。同时，当我们从历史角度审慎研究，也不难发现其实作为在大陆法渊源古罗马法时代，多重所有权现象同样存在。③ 因此，所有权的相对性观念仅是以不同的形式植根于两大法系财产法制度，我们需要做的则是正视此种共通性。

　　法律并非一成不变的。"法律的功能由不断变化的社会因素塑造并随之转变，这使得法律能够与社会俱进。"④ 社会发展的客观现实是，财产的范围和形态在不断地扩张和涌现。对此，法律既不可能对财产类型进行穷尽式列举，也不能仅被动地以例外或者单行法的方式加以规制。《民法典》担保制度吸收英美法系功能主义的立法思

---

　　① 参见董学立《论"担保物所有权之归属无关紧要"》，《法治研究》2014 年第 1 期；谢鸿飞《〈民法典〉实质担保观的规则适用与冲突化解》，《法学》2020 年第 9 期。

　　② 参见陈永强《英美法上的所有权概念》，载陈小君主编《私法研究》第 16 卷，法律出版社 2014 年版，第 206 页；冉昊《"相对"的所有权——双重所有权的英美法系视角与大陆法系绝对所有权的解构》，《环球法律评论》2004 年第 4 期。

　　③ 参见陈永强《英美法上的所有权概念》，载陈小君主编《私法研究》第 16 卷，法律出版社 2014 年版，第 211 页。

　　④ 许中缘：《论〈民法典〉的功能主义释意模式》，《中国法学》2021 年第 6 期。

路，恰好为我们构建更加开放、包容的物及物权概念提供了启发与契机。

（二）所有权的功能化与物权法定

在现代大陆法系的民法理论中，所有权是集占有、使用、收益、处分等权能为一体的自物权，由于此种所有权具有全面性、整体性、弹力性，系以归属为中心，故被称为充分所有权、绝对所有权。正是基于所有权的绝对性，所有权具有了弹力性、整体性和恒久性。其中，弹力性意味着所有权人始终对标的物存在一种"精神控制"，虽然限定物权人有利用物的最大权限，但所有权人仍然保留"剩余请求"权。[1] 当限定物权消灭时，所有权便回归到了原来的圆满状态。此种所有权结构的"弹力性"所映射出的物之归属和占有的回复，正是罗马法绝对所有权的根本价值所在。[2] 而整体性则是对所有权权能的强调，意味着所有权不是单个权能的简单叠加，权能之间不可分离。很显然，《民法典》第二百四十条规定的就是这种绝对所有权。

在绝对所有权概念之外，《民法典》第一百一十六条还规定了"物权法定"原则，即物权的种类和内容，由法律规定。"物权法定"原则是自 19 世纪以来大陆法系民法典编纂运动中形成的基本原则，要求物权的种类、内容、效力以及公示方法由法律规定，不允许当事人自由创设。[3] 这样，相对所有权要想在我国法上获得规范基础，必须经过"物权法定"原则的检讨。

对此，有学者认为，虽然我国法上的所有权定义（原《物权

---

① 参见张永健《霍菲尔德分析法学对占有、信托概念的新界定》，《经贸法律评论》2021 年第 6 期。

② 参见马新彦《罗马法所有权理论的当代发展》，《法学研究》2006 年第 1 期。

③ 参见梁慧星、陈华彬《物权法》（第七版），法律出版社 2020 年版，第 64 页；王利明《物权法定原则》，《北方法学》2007 年第 1 期。

法》第三十九条、《民法典》第二百四十条规定的绝对所有权）与其他规定所表现出来的相对所有权存在内涵上的矛盾，但可通过相对所有权的统一解释获得解决。① 本书认为，绝对所有权的概念内涵不能统摄全部所有权类型是客观存在的，但对于相对所有权是否与物权法定原则相悖的问题，还应回到物权法定原则本身。

关于物权法定原则的基本共识是，其虽然有利于维护物权的确定性、公示性，保障合同自由、促进交易安全与便捷，但绝对的物权法定将导致绝对的物权类型的封闭性，不能适应层出不穷的新类型交易需求。作为其成立前提的物债二分本身具有相对性，所以，物权法定原则存在形式化逻辑及天然缺陷。② 因此，在绝对的物权法定原则之外，出现了扩充物权"法"定之法律范围、绝对的物权自由说及物权法定缓和说等观点，其中主张可依习惯（习惯法）创设新物权的物权法定缓和说兼顾了物权体系的稳定性与开放性，占据主流学说地位，并成为《民法典》的现实选择。③

就相对所有权而言，作为一个学理概念，难谓依习惯创设新的物权。但这并不意味着相对所有权一定与物权法定原则矛盾：假如二者的冲突只是名义上的，而非实质上的，则所谓相对所有权与物权法定原则的冲突就是个假命题。易言之，若能证成相对所有权已以其他概念的形式隐身于现行法，则相对所有权的实证法基础不言自明。对此，《民法典》上的担保物权是一个很好的观察点。《民法典》第三百八十八条规定了"其他具有担保功能的合同"，将功能

---

① 参见李国强《相对所有权的私法逻辑》，社会科学文献出版社 2013 年版，第187 页。

② 参见张鹏《物债二分体系下的物权法定》，《中国法学》2013 年第 6 期。

③ 参见梁慧星、陈华彬《物权法》（第七版），法律出版社 2020 年版，第 68—69页；常鹏翱《体系化视角中的物权法定》，《法学研究》2006 年第 5 期；张鹏《物债二分体系下的物权法定》，《中国法学》2013 年第 6 期；李星《物权法定原则的立法论——兼评〈民法典〉的抉择》，《辽宁大学学报（哲学社会科学版）》2021 年第 2 期。

上具有担保作用的所有权保留、融资租赁、保理等交易形式纳入了担保合同的范围。《民法典》第六百四十一条规定了所有权保留制度，但若出卖人保留完整的所有权，将与受让人享有的实际权能和交易目的不符。为此，学说上多借助功能所有权进行解释，即出卖人保留的所有权不再是《民法典》第二百四十条规定的完全所有权，而是不具有完整权能的、仅关注标的物交换价值的"担保权益"或者"担保性所有权"。① 同时，《民法典》规定的国家所有权和集体所有权也不能简单适用单一的绝对所有权规则，作为所有权主体的国家和集体，并不能在现实中直接对土地进行支配而享有占有、使用、收益、处分权能。上述情形下的所有权，并非《民法典》第二百四十条规定的绝对所有权，也就是说法律实际上变相承认了不完全所有权的存在。

就此而言，相对所有权虽然与绝对所有权的规范基础并不相同：前者散见于现行法的具体规定中，需要通过解释才能发现其真面目；后者则被统一规定于《民法典》第二百四十条中。这就意味着，相对所有权不是对绝对所有权的否定，而是作为其有益补充。当物的归属和利用状态难以完美归入"绝对所有权——他物权"的两极分类时，将事实上已经存在的中间状态权利细化为不充分的所有权类型，是所有权功能主义化的必然要求。那么，相对有权存在何种权能构造，它又在多大程度上遵循了现代物权理论？

二 相对所有权的权能构造

既然相对所有权是与绝对所有权相对称意义上的概念，相对所

---

① 参见高圣平《〈民法典〉视野下所有权保留交易的法律构成》，《中州学刊》2020年第6期；张家勇《体系视角下所有权担保的规范效果》，《法学》2020年第8期；周江洪《所有权保留买卖的体系性反思——担保构成、所有权构成及合同构成的纠葛与梳理》，《社会科学辑刊》2022年第1期；王立栋《〈民法典〉第641条（所有权保留买卖）评注》，《法学家》2021年第3期。

有权的具体构造也要在与绝对所有权的比对中完成。

（一）学说争议

关于相对所有权的具体结构，学者之间意见不一，大致存在两种类型。

其一，双所有权构造说。在 20 世纪 80 年代股权改制时期，梁慧星教授就提出"在全民所有财产属于国家所有的前提下，让企业享有相对所有权"的实质双所有权构造主张，王利明教授也提出了国家所有权与企业商品所有权共存的双所有权说。① 这也得到了马俊驹教授的支持，他认为国有企业享有商品所有权，并不排除和削弱国家对企业的财产所有权。② 对于两种所有权的关系，杨志淮先生认为，在同一物之上可以同时存在两个不同层次的所有权，二者之间是主从关系，绝对所有权是无条件的，相对所有权是有条件的，是前者派生出来的。③ 就两种所有权的具体权能结构，学者们也有不同主张。如冉昊教授主张借鉴英美法系双重所有权理论，将绝对所有权分解为作为归属的所有权和作为支配的所有权。④ 马新彦教授则认为，在一物之上，两个主体可以在不同意义上享有不完全的所有权，双方都有权在自己拥有的权利范围内处分自己的权利。⑤ 房绍坤教授和曹相见教授认为，集体土地所有权是与以归属为中心的所有权相对的、以利用为中心的所有权形态。⑥

---

① 参见梁慧星《论企业法人与企业法人所有权》，《法学研究》1981 年第 1 期；王利明《论商品所有权》，《法学研究》1986 年第 2 期；王利明《论股份制企业所有权的二重结构》，《中国法学》1989 年第 1 期。

② 参见马俊驹《论国家企业法人的财产权性质》，《中国法学》1987 年第 6 期。

③ 参见杨志淮《绝对所有权与相对所有权——试论国营企业的所有权关系》，《法学研究》1985 年第 2 期。

④ 参见冉昊《"相对"的所有权——双重所有权的英美法系视角与大陆法系绝对所有权的解构》，《环球法律评论》2004 年第 4 期。

⑤ 参见马新彦《罗马法所有权理论的当代发展》，《法学研究》2006 年第 1 期。

⑥ 参见房绍坤、曹相见《集体土地所有权的权能构造与制度完善》，《学习与探索》2020 年第 7 期。

其二，所有权"剩余权"构造说。例如，李国强教授认为，归属和支配不可分离，所有权不是对物的支配而是对物权客体价值的支配，价值化的物权客体的一个明显表现就是不存在一个绝对归属的所有权，所有权是对物权客体价值分割后的"剩余"支配，所谓的所有权已与他物权归于平等，都只是对物权客体某一方面利益的支配。①

就上述主张而言，第一种观点指出了传统绝对所有权理论仅强调所有权归属含义的不足，明确提出了"相对所有权"，是很大的进步。但仍需要进一步解释的是，所谓"多个所有权"与传统"权能分离"论基础上创设出的他物权有何区别，如何界定归属与支配也并无客观标准。第二种观点直接将物权客体看作可分割的价值集合，而价值本质是一种权利或利益，因此有混淆作为第一顺位权利客体的"物"与作为第二顺位权利客体的"权利"之嫌。② 该说实际是将"权能分离"论中的"权能"直接设定为了"权利"，消弭了所有权与他物权之间的本质区别。此种对所有权进行"无中心"式的平行式权利分割，虽然意识到价值对于财产权体系的重要意义，但忽视了财产权体系内部不同物权类型的实质区别。

（二）本书立场

本书赞同将所有权的相对分离理解为归属所有权与支配所有权的分离，并且在相对所有权的语境下，所有权的结构具有"离与不

---

① 参见李国强《相对所有权的私法逻辑》，社会科学文献出版社 2013 年版，第 114 页；李国强《"权能分离论"的解构与他物权体系的再构成——一种解释论的视角》，《法商研究》2010 年第 1 期。

② 拉伦茨认为，对权利客体的使用应当区分三个层次，第一顺位的是作为支配权和使用权标的的有体物，第二顺位的是作为处分标的的物之上的权利和法律关系，第三顺位的是作为处分标的的权利或财产之上的整体权利和利益。而作为处分行为的客体必须是权利或其他，不可能是支配权或使用权客体意义上的权利客体。参见〔德〕卡尔·拉伦茨《德国民法通论》（上册），王晓晔、邵建东、程建英等译，法律出版社 2003 年版，第 377—378 页。

离"的特征。作为充分所有权的相对概念，相对所有权的内部构造可以与充分所有权的结构对照起来分析。

1. 相对所有权因归属与支配的分离而丧失弹力性

绝对所有权的绝对性特征意味着，即使物不在所有人的现实控制之下，所有权人依然享有所有权，故所有权所体现出对物的观念（意志）上的支配。[①] 从规范效果上说，绝对所有权的绝对性可以归纳为如下两个方面：一是对物的保护以明确归属为核心，反对物的分割、分层所有，归属具有唯一性；二是物的占有、使用、收益权能（或称"利用属性"）被归属性所整合，成为所有权的实现方式。与之不同，在相对所有权观念下，物的归属与利用分离，归属不再具有中心意义，仅体现为对物之利用的利益要求或某种限制，而非所有权圆满状态的回复，所有权的弹力性由此被压制。申言之，相对所有权概念不再仅仅关注所有权的观念性，而是同时立足于所有权的观念性和现实性，实现了所有权内容的相对分离。

对此，比较法上也有相应立法例。《智利民法典》第 582 条第 2款规定："与物之享用相分离的所有权，称纯粹所有权或空虚所有权。"《加拿大魁北克民法典》第 947 条第 2 款规定："所有权可附有期限和条件，可以发生功用所有权和空虚所有权的分离。"[②] 这其中的"空虚所有权"即本书所称归属所有权。

2. 相对所有权不因归属与支配的分离丧失整体性

值得注意的是，承认所有权的相对分离并不意味着所有权的权能发生了分离。我国在解释他物权形成机制时实际采用的是一种"嫁接式具体权能分离说"：一方面，强调所有权具有完整性，而不是权能的简单相加，所有权的部分内容不能与其分离；另一方面，

[①]　参见李国强《相对所有权的私法逻辑》，社会科学文献出版社 2013 年版，第16 页。

[②]　参见李国强《相对所有权的私法逻辑》，社会科学文献出版社 2013 年版，第40 页。

却主张用益物权的产生是所有权与其权能分离的结果,所有权的部分权能被分离出去后成立用益物权,原所有权则保留相应的剩余权利。① 总之,该理论既强调所有权的完整性,又试图在权能分离后以弹力性来解释所有权权能残缺等理论和实践问题,存在内生性矛盾和局限。李国强教授指出,"权能分离论"是立足绝对所有权的一种理论解释模式,能够很好地解释 20 世纪之前的物权制度,但随着物的交易关系日益复杂,已难以适应时代发展对物权制度体系更新的需求。②

对此,有学者提出"权利行使"理论。如房绍坤教授认为,所有权的整体性决定了所有权的权能与所有权是不能分离的,用益物权是所有人行使所有权的一种方式,同时也是对所有权的一种限制。③ 蔡立东教授也认为,依循"权利行使理论",将用益物权的设定视为所有权主体行使所有权的方式,而承包权与经营权分置则是土地承包经营权的行使方式,可以有效地解释和回应为何用益物权的主体同时又兼具所有权主体成员身份,这一权利构造上的特质。④

本书采"权利行使"立场:归属所有权以功能为目的,支配所有权才以权能为中心,后者完全可以也应当遵循所有权权能的整体性原则,因此,所有权的相对分离并非是对所有权权能的分离,反而是所有权行使的一种方式。值得注意的是,英美法上的"权利束"也不是权利的大杂烩,而是有其内在的机理,实际上仍未违背所有权权能的整体性原则。⑤ 正因为如此,威林斯顿说,排斥"所有权"

---

① 参见蔡立东《从"权能分离"到"权利行使"》,《中国社会科学》2021 年第 4 期。

② 参见李国强《"权能分离论"的解构与他物权体系的再构成——一种解释论的视角》,《法商研究》2010 年第 1 期。

③ 参见房绍坤《用益物权与所有权关系辨析》,《法学论坛》2003 年第 4 期。

④ 参见蔡立东《从"权能分离"到"权利行使"》,《中国社会科学》2021 年第 4 期。

⑤ 参见房绍坤、曹相见《集体土地所有权的权能构造与制度完善》,《学习与探索》2020 年第 7 期。

这一最根本的财产权概念（认为杂乱无章的权利束概念足以解决问题），后果将是"灾难性的"。[1]《美国统一商法典》也并不像所宣称的那样（无须所有权概念），而是仍以所有权为基础规范货物交易，债权人在货物上的各种财产权益也与所有权联系紧密。[2]

3. 相对所有权仍然遵循"一物一权"原则

学界对"一物一权"原则内涵的认识经历了一个变化的过程，当前主流观点认可所谓"一物一权"是指在一物之上不能存在两个以上内容、性质相互排斥的物权。[3] 在具体内涵上，一般认为一物之上只能存在一个所有权。[4] 王利明教授则进一步指出，"'一物一权'是指对特定财产的所有权所产生的排他的支配权只能由所有人享有，而不是所有权的各项权能只能归属于一人。"[5] 从表面上看，所有权归属与支配的分离违背了"一物一权"原则，但一旦认识到绝对所有权与相对所有权的内在统一，则相对所有权不仅在概念上作为绝对所有权的有益补充，在形式上也并不与"一物一权"原则相悖。所有权是观念的产物，体现为主体的观念支配，但它首先具有现实性，即对物的事实上的占有与支配，否则物就无法发挥其使用价值。因此，所有权是观念性和现实性的统一。一般而言，所有权的现实性离不开观念性，观念性服务于现实性，二者共同构成所有权的支配力，所有权由此具有全面性，但所有权的观念性也可能与现实性相对分离。如果说兼有观念性与现实性的所有权系以归属为中心的绝对所有权，则观念性与现实性相对分离的所有权就是以利用为中

---

① See Williston and Samuel, "The Law of Sales in the Proposed Uniform Commercial Code", *Harv. L. Rev.*, Vol. 63, 1950, pp. 561, 569.

② See William L. Tabac, "The Unbearable Lightness of Title under the Uniform Commercial Code", *Md. L. Rev.*, Vol. 50, 1991, p. 408.

③ 参见刘保玉《论物权之间的相斥与相容关系》，《法学论坛》2001 年第 2 期；马新彦《罗马法所有权理论的当代发展》，《法学研究》2006 年第 1 期。

④ 参见梁慧星、陈华彬《物权法》（第七版），法律出版社 2020 年版，第 47 页。

⑤ 王利明：《论股份制企业所有权的二重结构》，《中国法学》1989 年第 1 期。

心的相对所有权。① 但在后一种情况下，"排他的支配权"也只属于一人。

绝对所有权由于不存在归属与支配的分离，不存在对"一物一权"原则的背离，应无疑问。但其实，相对所有权也仍然遵循了"一物一权"原则，只是语境发生了变化。在相对所有权的语境下，所有权的"离与不离"有其内在结构：基于对物的观念性支配所形成的归属所有权不以享有权能为必要，仅是一种旨在维护某种特定的法律关系的功能性存在，表现为对现实支配的处分权能的限制，体现所有权的归属性；但基于对物的现实性支配形成的支配所有权权能不可分离，具备完整的占有、使用、收益和处分等权能，体现所有权的利用属性，但同时也受到归属所有权的牵制。② 可见，归属所有权与支配所有权在权能、效力等方面并不存在冲突。

如果说支配所有权是积极的权能行使，归属所有权则主要体现为对权能的限制。因此，归属所有权基于其限制功能也可以称为"功能所有权"。在我国，由于归属所有权与所有制等联系在一起，可能存在多层分离——如作为归属所有权的国家所有权（所有制意义上）可以继续分离为全民所有（私法意义上）——当然不受"一物一权"原则的约束。显然，分离不是相对所有权独有的问题：即便在绝对所有权体系下，所有制意义上的国家所有也存在层层分离的问题。而拥有所有权完整权能的支配所有权则仍然应当遵循"一物一权"原则，因为物的单一性不允许对物存在多重现实性利用。从这个意义上说，绝对所有权之所以遵循"一物一权"原则，不是因为它不存在归属与支配的分离，而是基于其自带的物的现实性内

① 参见曹相见《农村集体经济组织特别法人的特别效果》，《法学论坛》2023 年第 2 期。

② 参见房绍坤、曹相见《集体土地所有权的权能构造与制度完善》，《学习与探索》2020 年第 7 期。

容的要求。也正是因为支配所有权具有了完整的权能内容，其对物的支配和利用程度要远高于他物权。

三　相对所有权的现实合理性

如前所述，相对所有权概念不是要否定绝对所有权，而是要在绝对所有权力有不逮之时解决、回应社会现实问题。应当承认，以归属为中心的绝对所有权在多数情况下可以满足实践需求，但在少数情况下，绝对所有权概念存在诸多解释盲区。如在解释公司法人和股东财产权、信托财产权利性质、建筑物区分所有权性质等问题时，传统所有权概念存在失灵现象。① 此种失灵，一方面源于所有权客体必须为有体物的限制，另一方面则是出于对所有权绝对性的固守。而绝对所有权面临的困境，恰恰彰显了相对所有权的现实合理性。

（一）契合对物的多层次利用的需求

在社会发展初期，物的归属和利用最初是一体的，归属之后才可支配利用。但随着社会分工的发展和资源的相对紧张，对物的多层次利用需求日益增长。所有权在某些情形下对物直接支配的权利外观逐渐消弭，取而代之的是在不同交易形式或产权结构中对多元客体利益的不同利用，以归属为中心的绝对所有权难以解释更加丰富的物的利用状态。

关于资产阶级革命后的大陆法系近代所有权的理论发展，日本学者我妻荣教授曾有如此判断："伴随着资本主义的高度发展，应该重视物资本来所固有的使用价值的呼声与日俱增，物权的法律构成

---

① 参见梅夏英《民法上"所有权"概念的两个隐喻及其解读——兼论当代财产权法律关系的构建》，《中国人民大学学报》2002 年第 1 期。

之重心重新呈现出由'所有'向'使用'再移转的趋势。"① 易言之，归属只是财产利用在历史阶段中的特殊表现，利用才是终极目的，没有利用归属便无意义。② "在一个时期中会被人们认为正确的所有权定义是与时代和其服务的制度相联系的。"③ 所以，马新彦教授指出，随着社会系统的复杂化和多样化，绝对完整的所有权呈现出分离和碎变的趋向。④《美国统一商法典》之所以能成为功能主义立法的典范，与其起草者卡尔·卢埃林教授对绝对所有权概念的批评密切相关。他认为，以形式概念区分不同的交易只是立法者的空想，应当以不同交易在功能上的一致性为观察重点，放弃大而不当的、过于静态的"所有权"观念。⑤

（二）合理解释团体法上的权利结构

如前所述，近现代大陆法系的所有权概念是绝对所有权，其特征是兼有全面性、整体性、弹力性，系以归属为中心。绝对所有权本质上也具有形式主义的特征，但形式主义的所有权概念存在功能化的可能和必要。例如，绝对所有权在解释团体法上集体土地、法人财产、信托财产的权利结构时就陷入了困难。易言之，在集体土地利用、公司法人财产、信托财产等领域，传统的物权——债权、所有权——他物权的体系不敷受用。因此，在通说之外学术界还存在一种有力的学说，试图借助相对所有权的理念解释团体法上的权利结构。

---

① ［日］我妻荣：《我妻荣民法讲义：新订物权法》，［日］有泉亨补订，罗丽译，中国法制出版社 2009 年版，第 2 页。

② 参见马俊驹、梅夏英《财产权制度的历史评析和现实思考》，《中国社会科学》1999 年第 1 期。

③ 冉昊：《"相对"的所有权——双重所有权的英美法系视角与大陆法系绝对所有权的解构》，《环球法律评论》2004 年第 4 期。

④ 参见马新彦《罗马法所有权理论的当代发展》，《法学研究》2006 年第 1 期。

⑤ 参见谢鸿飞《〈民法典〉实质担保观的规则适用与冲突化解》，《法学》2020 年第 9 期。

例如，在土地所有权方面，有学者认为，以个体所有权为代表的"归属所有权"和以集体所有权为代表的"功能所有权"，成为当代欧洲农地所有权结构的范本。① 申言之，对农村土地而言，集体所有权作为与农民权利（支配所有权）相对的功能性所有权（归属所有权），不仅是比较法上的经验，也应引起我国学者的足够重视。又如，对于股权与公司法人财产权的关系，孟勤国教授指出，股东通过股权仍然控制着公司资产的命运，是所有权在特定条件下的权能形态，公司法人对公司财产的支配力不具备所有权的绝对性、垄断性和充分性，股权属于债权的观点是一种曲解。② 还有观点从公司法人的双重角色出发，提出应构造一种融合经济意义上企业所有权的法人理论，在股东对企业享有所有权的同时，企业还对自己名下的各种财产享有所有权，前者是企业经济意义上的所有权归属，并不影响企业在法律上获得独立地位从而享有后一种所有权。③

再如，在信托法律关系中，有学者敏锐地洞察到，受托人的权利有大陆法系所有权不具备的"他物权"特征，受托人虽然可以行使完全的物权权能，但其行使这些权利却是按照信托人的要求并为了信托人的利益，且在财政法上只能作为信托人的财产，受托人的权利同时又反映出某种债权的限制，因此，德国民法典将这种权利称为"相对所有权"。④

以上观点说明，相对所有权概念绝不是空穴来风或明日黄花，反而在集体土地利用、公司法人财产、信托财产等领域具有很强的解释力。

---

① 参见李俊《罗马法上的农地永久租赁及其双重影响》，《环球法律评论》2017 年第 4 期。

② 参见孟勤国《也论法人所有制》，《广西大学学报（哲学社会科学版）》1988 年第 3 期。

③ 参见王卫国《现代财产法的理论建构》，《中国社会科学》2012 年第 1 期；冯珏《法人理论之社会基础的更新：从社团到企业》，《南大法学》2021 年第 2 期。

④ 参见孙宪忠《德国当代物权法》，法律出版社 2010 年版，第 176 页。

（三）满足个人所有权的功能化需要

《民法典》引入的功能主义担保观是个人所有权功能化的例证。[①] 遗憾的是，虽然学界对《民法典》的功能主义多持肯定态度，但当前的研究重点关注的只是某些交易合同可以发挥担保的功能，以及功能主义下动产担保统一规则适用方面。例如，叶金强教授认为，所谓功能主义应止步于"缓和物权法定，进而认可非典型担保之担保效力"即可，为不同担保形式确立统一规则的意义非常有限，《民法典》也没有实现规则的统一。[②] 但其实，更为重要的问题是功能主义对所有权或者物权内部带来何种规范效果，如果功能主义只是使合同具备了担保的功能，则其不过是债权物权化的体现，只需运用拟制的法律技术即可实现。

本书于本章第一节从《民法典》第六百四十一条关于所有权保留交易的规定提问：在《民法典》引入功能主义担保观后，所有权还都是《民法典》第二百四十条意义上的充分所有权吗？如《民法典》第六百四十一条第二款规定保留的所有权不经登记不得对抗善意第三人，但是不得不追问的是，所有权为什么还需要登记，登记之后的所有权还是所有权吗？王洪亮教授也认为，在所有权保留并入统一动产担保物权后，尤其是实行登记对抗规则，与既有的所有权绝对观念也产生冲突。[③]

关于保留所有权的性质，在引入功能主义担保观之前，从所有权移转角度解释所有权保留买卖的性质时就有"部分所有权移转

---

① 《民法典》第三百八十八条第一款第二项规定："担保合同包括抵押合同、质押合同和其他具有担保功能的合同。"据此，抵押权、质权和留置权为形式主义担保类型，所有权保留、融资租赁、保理等则为功能性担保类型。

② 参见叶金强《现行动产担保模式之批判》，《法学杂志》2022 年第 6 期。

③ 参见王洪亮《所有权保留制度定性与体系定位——以统一动产担保为背景》，《法学杂志》2021 年第 4 期。

说"。由于传统物权理论不承认双重所有权，为了适应现实生活的需求，法学家们尝试从"部分所有权转移"的路径对买卖双方享有的权利进行解释。如德国学者赖泽尔提出时间区分所有权之理论，鲍尔教授则认为，在所有权保留买卖中所有权在当事人之间进行了分割。① 日本学者铃木禄弥教授提出了形象的"削梨"说，即在所有权保留买卖过程中物的归属关系处于浮动状态，随着价金的支付，所有权如"削梨"一般由出卖人一方逐渐地移到买受人一方。② 我国学者申卫星教授则赞成双重所有权说，认为在所有权保留买方是真实所有权人，享有一种不是完全所有权的期待所有权，卖方保留的是担保所有权，仅为担保价金债权的实现。③ "部分所有权移转说"面临的最大解释难题是不符合"一物一权"原则和所有权完整性特点，"所有权是一种完全的物权，其本质上是所有人对物的全面支配权，从其完整意义上具有不可分性"。④ 但是"部分所有权移转说"一定程度上体现了相对所有权的理念，不以"非此即彼"的方式确定所有权保留买卖双方的权利，反而可以克服传统物权法过分重视静态关系而忽略动态变化之弊端。

在绝对所有权观念下，无论将保留的所有权完全归化为担保物权，还是坚守作为形式主义的所有权结构，都无法统筹解释买卖双方的权利配置。其实，保留的所有权是否具有担保功能与是否是担保物权之间不必然画等号，就如同并非担保物权的保证担保同样可以起到担保作用一样，故而有学者曾提出所有权保留以所有权作为

---

① 参见申卫星《所有权保留买卖买受人期待权之本质》，《法学研究》2003 年第 2 期。

② 参见刘得宽《民法诸问题与新展望》，中国政法大学出版社 2002 年版，第 9 页。

③ 参见申卫星《所有权保留买卖买受人期待权之本质》，《法学研究》2003 年第 2 期。

④ 参见余能斌、侯向磊《保留所有权买卖比较研究》，《法学研究》2000 年第 5 期。

担保标的，属于权利担保分类下的物权担保，而非担保物权。① 可见，在功能主义与形式主义相结合的情况下，被保留的所有权作为"担保性功能的所有权"与传统绝对所有权的关系如何界定，具体权能以及何时、如何行使，仍是亟待解决的问题，不能简单以"担保物权"的定性一带而过。那么，除了归入他物权中的"担保物权"之外，又该如何解释此种具有担保功能的所有权与传统以归属为中心的绝对所有权之间的关系呢？

本书认为，承认相对所有权概念是《民法典》引入功能主义担保观的必然效果。以《民法典》第六百四十一条规定的所有权保留买卖为例，把"保留的所有权"理解为《民法典》第二百四十条规定的充分所有权是完全说不通的，因为买卖合同是以出卖人转移所有权为内容的，否则就不可能是买卖；但若认为"保留的所有权"系发挥担保功能的"所有权"，则无论将其解释为担保物权还是"物权担保"，均变相承认了不充分所有权的存在。其实，在承认出卖人的绝对所有权转为限制性所有权的同时，也就意味着对所有权的权能已经发生转移的承认，这似乎出现了一种居于所有权和他物权之间的中间状态的权利。龙俊教授也指出，学界认可的物债二分的相对化，要么是无限接近于物权，要么是无限接近于债权，但在动产和权利担保独特的公示系统以及登记对抗规则下，独立于物权与债权、处于二者中间状态的权利是确实存在并且有价值的，无论是未登记的担保物权还是已登记的担保物权，其效力均稳定地处于物权和债权之间，并且这种中间状态经过了长时间的实践检验，而不是空想出来的。②

其实，在绝对所有权与他物权之间也存在一种相对稳定的权利形态，即相对所有权。其中，以归属为中心的归属所有权体现为对

---

① 参见余能斌、侯向磊《保留所有权买卖比较研究》，《法学研究》2000 年第 5 期。
② 参见龙俊《民法典中的动产和权利担保体系》，《法学研究》2020 年第 6 期。

物利用的利益要求或某种限制，而非基于所有权弹力性而回复圆满状态，故可以合理解释为何出卖人行使取回权后无法获得标的物，须经由清算程序加以清算。① 同时，以利用为中心的支配所有权仍然保持着所有权权能的完整性，克服了"部分所有权移转说"之弊端。总之，在《民法典》个人所有权功能主义化的立法理念下，要合理界定绝对所有权与"功能所有权"的界限与权能，需得以承认相对所有权的存在为前提。

第二节　银行对存款货币的支配所有权

事实上，存款合同是典型的以利用为中心的交易模式——它包含了银行和存款人的双重利用，而不仅仅是银行的单方利用或单纯保管。这也正是坚守绝对所有权理念的形式主义物权说，解释不了存款货币权利构造的原因。不过，在存款人、银行构成对存款货币的共同占有的基础上，引入相对所有权概念作为分析工具，可以有效支撑存款货币的物权构造。而在物权构造下，银行享有存款货币的支配所有权，存款人则取得存款货币的归属所有权。本节分析银行的支配所有权的形成、效力和变动。

一　银行支配所有权的形成

区别于债权构造说，存款货币物权构造的特点之一就是主张银行、存款人对货币的共同占有，从而排除货币"占有即所有"规则的适用，阻却货币所有权的移转。但准确地说，在相对所有权的语境下，存款人物权说并非货币所有权完全不发生移转，而是仅发生货币支配所有权的移转。由于本书第二章在检讨存款货币的债权构

---

① 参见房绍坤、徐聪《保留所有权买卖的三项规则：登记对抗、取回权及标的物添附》，《东岳论丛》2022 年第 12 期。

造时，尚未介绍相对所有权的分析工具，为行文便利，同时也为便于理解，本书在论证存款合同新消费寄托说时，采用了"不移转存款货币所有权"的表达，在此特予说明。

银行的支配所有权源自现代银行业的经营惯例。历史上，银行业曾一度维持对"活期存款"的100%准备金率。但现代银行体系的开端，则倚赖于部分准备金制度和作为最终贷款人的中央银行，部分准备金制度为银行信贷扩张创造了机会。虽然现在各国不再要求银行交付100%的存款准备金，但部分准备金的存在也限制了银行运用存款货币投资的比例，保证了银行存款在某种程度上的价值特定性。在我国，按照《中国人民银行法》第二十三条、《商业银行法》第三十二条的规定，商业银行必须按照一定比例向人民银行交存存款准备金和备付金，且即使商业银行成为被执行人，该部分资金也不得冻结和扣划。[①] 因此，我国银行所能够利用的是存款准备金和备付金之外的存款货币。此外，植根于特殊的行业惯例，银行在开展发放贷款等资产业务时，会在负债端创造出等额存款货币，即"银行的资产业务可以创造出负债"[②]。因此，银行对存款货币的支配所有权具有鲜明的行业特殊性。

银行的支配所有权形成于存款人的让渡。虽然银行可以通过贷款创造出没有现金储备支持的派生存款货币，但银行开展业务的基础仍然是初级存款货币，且无论针对何种存款货币，银行支配所有权直接来自存款人的让渡。由于银行作为以金融资产和负债为经营对象的专门机构，其对所吸收的存款货币进行经营利用是银行业惯例，也为普通存款人所知晓。因此，即便未在存款合同中明确约定存款货币的用途，也不妨碍银行依法、依规开展发放贷款、投资债券等经营范围内的资产业务。

---

① 参见《最高人民法院关于人民法院执行工作若干问题的规定》第二十七条。
② 方卫星：《银行会计的特殊性》，《中国金融》2020年第4期。

值得注意的是，银行取得支配所有权，意味着银行得对存款货币行使占有、使用和收益等权能，只是其同时得承受存款人归属所有权的约束，这就排除了银行与存款人对存款货币进行"权能分配"的可能。但由此也产生了另一个难题：存款货币为银行占有后，即经由银行的占有、使用和处分进入流通环节，部分投资仍转换为金钱收益，但也有的转换为其他资产，甚至成为银行的烂账，在此背景下，存款人交付的存款货币如何保持存款人的归属所有权不变，又如何维持银行的支配所有权呢？

本书认为，存款货币不同于一般的动产：后者不仅具有有形的物理外观，其本身即具有使用价值，其物理外观既是权利行使的条件，也是价值特定化的方式；而前者在为现金形式时虽然具有物理外观，但其价值源自国家信用——而非现金的物理外观，同时此种物理外观也只是作为方便权利行使的手段，而非价值特定化的唯一方式。因此，作为特殊动产的存款货币，其特定性不同于一般动产，它只要在价值上能够特定化即可，是否存在物理的外形则在所不问。货币价值载体特定性的丧失并不必然导致价值特定性的丧失，只要货币占有人支配的价值与原权利人原先支配的价值具有同一性，即满足价值特定性的要求。[①] 对此，《担保制度司法解释》第七十条也明确规定，对于保证金质押，不得以账户内资金浮动为由否定担保权人的优先受偿权。

二　银行支配所有权的内容

（一）银行对存款的处分自由

银行可以对存款货币进行使用和处分，如使用存款发放贷款，

---

① 参见孙鹏《金钱"占有即所有"原理批判及权利流转规则之重塑》，《法学研究》2019 年第 5 期。

进而创造没有实际储蓄支撑的信贷存款。如前所述，商业银行可以从事各种经营活动，包括现金资产业务、贷款业务和证券投资业务等。其中，现金资产业务是银行持有的库存现金、在途资产、存放在中央银行的存款准备金及存放在其他银行的活期存款。据统计，贷款业务是银行最重要的资产业务，一般能占到我国商业银行运用资金总额的90%以上；证券投资业务则是商业银行以其资金在金融市场上买卖有价证券的业务活动，在我国的主要投资对象有政府债券、央行和政策性银行发行的金融债券等。[①] 比较而言，现金资产业务是银行占有的、可以无风险使用的最具有流动性的资源，而贷款业务和证券投资业务则具有相应的风险。

（二）支配所有权所受的限制

与银行支配所有权相对的是存款人的归属所有权，后者既包含收益的内容，也是一种随时支配权。为了维持存款人的随时支配权，《商业银行法》第二十九条、第三十条集中体现了银行对存款人随时支配权的保障：银行必须按照存款人的指令为存款人办理结算业务，除存款被国家有权机关依法采取强制措施或有特别的规定及约定外，必须保证适格存款主体对其账户中存款的绝对流通支配权，不得擅自冻结、扣划存款人账户资金，否则银行应承担赔偿责任。当然，银行也必须支付存款利息。银行违反上述义务的，应当对存款人承担赔偿责任；且此类义务由银行承担举证责任，如果因银行未及时提供或保存交易单据、监控录像等证据材料，导致有关证据材料无法取得的，应承担举证不能的法律后果。

同时，为了保障存款人随时可以支取存款，需要最大化地分散风险，防止出现存款挤兑，以确保公共产品消费的社会效用最大化，这就需要存款人和银行之外的第三方——存款保险机构介入存款合

[①] 参见李平主编《金融学》，北京理工大学出版社2021年版，第110—117页。

同。存款保险是一种强制的契约均衡，这与一般债权类融资契约有明显不同。① 我国自 2015 年起实行强制性存款保险制度，在我国境内吸收存款的各类银行需要按照《存款保险条例》参保。当然，存款准备金制度、存款保险制度等也都是对银行实行部分准备金制度的强制性补充，目的就是保证银行能够履行随时返还存款人同种、同量货币的义务。

三　银行支配所有权的变动

（一）银行支配所有权的取得时点

存款合同订立后，并不意味着银行取得了存款货币的支配所有权，这涉及存款合同是否为要物合同的问题。前文述及，存款合同为不移转所有权的消费寄托合同，但其作为一种无名合同，现行法并未规定其适用规则。按照《民法典》第四百六十七条第一款的规定，无名合同适用合同编通则的规定，并可参照适用合同编或其他法律最相类似合同的规定。由于《民法典》合同编也缺乏直接规制存款法律关系的条款，故存款合同仅可参照最相类似的保管合同和借款合同。对此，《民法典》第八百九十条规定，保管合同自保管物交付时成立，《民法典》第六百七十九条则规定，自然人之间的借款合同自提供借款时成立。参照保管合同固然可以得出存款合同为要物合同的结论，但借款合同的要物性却有"自然人之间"的条件限制。

本书认为，把存款合同解释为要物合同是合适的。借款合同虽然也涉及货币往来、利息支付，但其与存款合同毕竟不同：前者旨在出借货币，后者旨在保存增值。当贷款人是法人时，自无特别保

---

① 参见张桥云、陈跃军《银行存款：契约性质、微观结构与产品设计》，《金融研究》2009 年第 8 期。

护出借方的必要。因此，自然人与法人之间的借贷关系不是要物合同。但存款货币与此不同：自然人与银行之间的存款合同体现了自然人低风险、低回报的弱投资属性，其与借贷关系截然不同，故从参照借款合同的角度，亦应得出存款合同为要物合同的结论。此外，可供参考的是，关于存款货币的传统消费寄托说亦认为存款合同为要物合同，自保管物交付时成立。① 因此，银行对货币的支配所有权应自存款货币交付时取得。

（二）银行支配所有权的变动规则

作为存款货币价值特定化的手段，银行账户既是存款人行使权利的基础，也是银行支配所有权变动的依据。逻辑上，存款人开立存款账户在前，存取存款货币在后。因此，银行支配所有权的取得以存款人开立账户为前提。但由于账户密码等为存款人掌握，因此，银行支配所有权的变动具有被动性，其产生与消灭均依存款人的指令而行。基于账户密码的私密性和与账户实名制，银行在依指令交付存款货币、消灭支配所有权之时，虽然也对存款人指令的真实性负有识别义务，但它不是无限的：只要银行尽到相应的识别义务，即不构成侵权。易言之，银行账户和交易密码具有某种推定意思表示真实的效力。

一般来说，存款人将货币存入账户，银行即取得存款货币的支配所有权。银行依指令交付存款货币，无论是否尽到合理的识别义务、是否有存款人的授权意思表示，其支配所有权均归于消灭。至于未尽合理识别义务时是否要负赔偿责任，则属于存款人权利的范围，本章第三节再叙。

具体而言，在借用账户中，无论如何认定存款货币归属所有权的主体，银行均取得支配所有权。在错误汇款情形中，银行支配所

---

① 参见史尚宽《债法各论》，中国政法大学出版社 2000 年版，第 538 页。

有权的变动则有两种情形：如果汇款人系以现金形式汇入收款人账户，则现金货币因成为存款货币，而由汇款人的绝对所有权变成收款人的归属所有权与银行的支配所有权；如果汇款人系以转账形式汇款，则银行对汇款人存款的支配所有权先归于消灭，进而取得收款人存款的支配所有权，此时银行既可以是同一银行，也可以是不同银行。偷换二维码的情形与汇款人以转账形式汇款类似：即便缺乏受害人的授权意思表示，第三人构成盗窃，银行对受害人存款货币的支配所有权先归于消灭，然后对第三人的存款货币取得支配所有权。至于银行卡盗刷，则只存在银行支配所有权的消灭。

第三节　存款人对存款货币的归属所有权

存款货币物权效果的另一内容就是存款人取得货币的归属所有权。那么，此种归属所有权如何形成，又将如何变动？

一　存款人归属所有权的形成

（一）存款人缺乏丧失货币所有权的意思

前文述及，存款人和银行对存款货币的共同占有排除了货币"占有即所有"规则的适用。其实，除了存款货币的共同占有的原因外，主张存款货币因适用"占有即所有"而移转所有权的存款人债权说被质疑的另一个原因，是其"全然排除了当事人意思的决定地位"。[①] 因为存款人在订立存款合同时，缺乏丧失货币所有权的意思（至少是缺乏完全丧失货币所有权的意思）。正如孟勤国、胡吕银等学者所言，如果存款人将货币存入银行就是将所有权就移转给银行，

---

① 参见金印《论货币作为所有物返还请求权客体的可行性》，载龙卫球、王文杰主编《两岸民商法前沿——民法典编纂与创制发展》，中国法制出版社 2016 年版，第605 页。

那么谁还敢将货币存入银行？[①] 存款人以存款货币的形式将钱存入银行，而非购买理财产品或其他投资性产品，就表明其本意绝非完全让渡所有权，或者说其让渡的是有限的"所有权"：存款人在抽象意义上始终保有对同种同量的货币连续不断的可用性，并且可以随时收回；利息则是存款人让渡有限所有权而获得的收益。

（二）存款人可以通过账户支配存款货币

存款人享有归属所有权的一个前提，是存款货币交付银行后，存款人可以进行支配。关于支配，《民法典》第一百一十四条规定："民事主体依法享有物权。物权是权利人依法对特定的物享有直接支配和排他的权利。"据此，流行的意见认为，直接支配是物权人无须他人意志或行为介入即可实现对标的物的管领和处分。然则，这种判断难免过于狭隘，无法解释返还原物、共同占有等情形下必然需要他人介入或协助的情况。实际上，直接支配并非不需要他人意志或行为，其本质含义在于权利人意志对物的影响力，是事实状态和权利的结合。[②]

就存款货币而言，虽然其交付离不开银行系统的支持，但此种支持并非是对存款人权利的限制，而是纯粹技术上的支撑。基于存款账户，存款货币与权利人之间具有了可识别的关系，存款货币因而具有价值上的独立性和特定性，存款人可以通过预先设立的交易密码等凭证进行管理控制。正是通过控制账户，权利人才得以实现对账户内存款货币的支配，明晰绝对性的物权边界，并排除他人支配的可能。将存款货币从一个账户转移至另一账户，是对存款货币直接占有的转移，也是唯一具有公示效果的交付方式。这就意味着，

---

① 参见孟勤国《物权二元结构论——中国物权制度的理论重构》（修订版），法律出版社 2020 年版，第 35 页；胡吕银《现代物权思维下对公司财产权利结构的新解析》，《法学》2012 年第 2 期。

② 参见孟勤国《物权二元结构论——中国物权制度的理论重构》（修订版），法律出版社 2020 年版，第 80 页。

对存款货币的支配和占有是一回事，它们都可以通过控制账户来实现。将对存款货币"控制权的移转"解释为"交付"，也就有了事实基础。①

此外，通过账户转移对存款货币的控制权，也是一种公示手段。按照《担保制度司法解释》第七十条规定，债权人只要实际控制了保证金账户，便可以就账户内的款项优先受偿，这实际上是将"控制账户"当作了动产质押的公示方式。这也与美国《统一商法典》的做法相似：对保证金账户的控制作为一种公示方式，是债权人取得优先权的先决条件之一。②

（三）存款人破产"债权"优先的物权属性

存款人债权说认为，在银行破产程序中，存款人不享有破产取回权，而只是享有作为具有优先顺位的一般破产债权。③其理由在于：《商业银行法》第七十一条有关"在支付清算费用、所欠职工工资和劳动保险费用后，应当优先支付个人储蓄存款的本金和利息"的规定，仅将个人储蓄存款的本金和利息列在一般破产债权之前优先清偿，而非由存款人行使取回权。此外，中国人民银行《存款保险条例》第五条第三款也规定："存款保险基金管理机构偿付存款人的被保险存款后，即在偿付金额范围内取得该存款人对投保机构相同清偿顺序的债权。"有观点认为，该规定将存款人对银行的权利定性为债权，存款人在 50 万元限额内获得偿付也并非是取回权的结果，而是因为保险的存在。④

如何解释存款人在银行破产程序中的地位和权利，是物权说面临的解释难题，但也并非如龙俊教授所言毫无解释空间。首先，存

---

① 参见龙俊《民法典时代保证金的双重属性》，《法学杂志》2021 年第 4 期。
② 参见龙俊《民法典时代保证金的双重属性》，《法学杂志》2021 年第 4 期。
③ 参见其木提《错误转账付款返还请求权的救济路径——兼评最高人民法院（2017）最高法民申 322 号民事裁定书》，《法学》2020 年第 2 期。
④ 参见龙俊《民法典时代保证金的双重属性》，《法学杂志》2021 年第 4 期。

款人的归属所有权并不同于绝对所有权，因此，在银行享有支配所有权的情况下，存款人的归属所有权不应获得与绝对所有权一样的待遇。其次，存款人虽然无法在银行破产时享有基于绝对所有权的取回权，但其仍享有至少 50 万元以内的保险赔付，剩余部分则在支付清算费用、所欠职工工资和劳动保险费用后，得以优先清偿。① 存款人享有的这两项权利突破了存款的债权属性，是存款人归属所有权的体现。

一方面，50 万元内的存款赔付不是普通意义上的保险，而是国家平抑金融危机、保证银行业稳定健康发展的一种金融工具。事实上，存款保险基金作为风险分散的有效机制，已成为处理金融风险的普遍手段。各国在对存在金融问题的银行进行处置时，都有运用存款保险基金进行直接偿付、收购与承接、成立过桥银行、经营中救助等做法。② 通过国家金融调控工具"存款保险"在法定限额内偿付存款人存款货币，本身并不能直接确定存款人权利的债权属性，反而可以印证存款人归属所有权在一定程度上获得优先保障，这也与债权之间存在的重大区别。

另一方面，优先的破产债权也已不是债权，而是具有某种担保物权的属性。优先权的概念最早可以追溯至罗马法上的法定抵押，其在法国法和日本法上均被规定为独立的担保物权。在原《物权法》的立法过程中，也有不少学者主张规定优先权。③ 正是因为存款人"债权"的优先性与债权的平等性相悖，存款人债权论者认为，《商业银行法》第七十一条将个人储蓄存款本金和利息优先于其他普通债权受偿，是立法将对个人保护转嫁给其他市场主体的表现，不符

---

① 值得注意的是，《商业银行法》将非个人储蓄存款排除在优先受偿范围之内，在一定程度上与商业银行法保护存款人合法权益的立法目的相背离。

② 参见胡志强《存款保险基金参与问题银行处置的国际经验与启示》，《金融与经济》2020 年第 4 期。

③ 参见温世扬、丁文《优先权制度与中国物权法》，《法学评论》2004 年第 6 期；郭明瑞、仲相《我国未来民法典中应当设立优先权制度》，《中国法学》2004 年第 4 期。

合乎等保护市场主体权利的精神。① 但实际上，此种规定并非我国独有做法，美国银行破产法的首要目的也在于保护存款人，其也正是基于社会公共利益的考量，才使银行破产法在某种情况可以合理背离"同一级别债权人按比例清偿"这一普通破产法的核心原则。②

总之，存款人的归属所有权作为一种价值所有权，其在破产程序中可以优先受偿本身就是破产取回权的体现，这也是价值返还请求权物权性的体现。③

二　存款人归属所有权的内容

（一）存款人的收益权和随时支配权

存款人的归属所有权首先体现为存款人的收益权和支配权，即《商业银行法》第二十九条第一款规定的"取款自由、存款有息"原则。存款人的收益权意味着，存款人将货币存款银行后，即可获得相应的利息。当存款人终止存款关系时，存款人得要求银行还本付息。《商业银行法》第三十三条规定："商业银行应当保证存款本金和利息的支付，不得拖延、拒绝支付存款本金和利息。"据此，如无特殊约定，只要存款人提出请求，银行应当支付利息并返还本金。

不过，最能体现存款人支配地位的是其对存款货币的支配权，即如无法律特别规定或合同约定，存款人得随时增加存款、取款或转账，这是一种集单方面创设、变更或终止存款关系为一体的支配权。所以有学者指出，存款债权既安全又随时可到期，从而成为完完全全的货币替代物；存款人享有的是对"现在财货"的"随时支

---

①　参见陈承堂《存款所有权归属的债法重述》，《法学》2016 年第 6 期。

②　参见张继红《美国银行破产若干法律问题探究及启示》，《国际金融研究》2006年第 3 期。

③　参见孙鹏《金钱"占有即所有"原理批判及权利流转规则之重塑》，《法学研究》2019 年第 5 期。

配权"，这与信贷以当前物品或服务交换未来物品或服务存在本质区别。① 经济学家则称其为"客户对资金的随时索取权"，认为存款契约对存款人而言根本不是一种真正的契约，最多算是"软约束契约"。② 也正是在这个意义上，存款合同具有不同于传统消费借贷、消费寄托完全转移所有权的特点。

值得注意的是，自由支配存款货币是存款人归属所有权的内容，体现为对银行支配所有权的限制，即存款人可以自由终止对支配所有权的让与。

（二）归属所有权的强度与过失相抵

如前所述，在银行卡被盗刷的情形下，存款人债权说下的救济路径只能"全有全无"式的，绝无责任分担、适用过失相抵规则的空间：要么第三人构成债权准占有，银行的履行因发生清偿效果而免责；要么第三人不构成债权准占有，银行的履行不发生清偿的效果，从而恢复存款人账户下原有的存款数额。③ 然而，《银行卡规定》及司法实践，却在普遍采存款人债权说的前提下，又允许在存款人存在过错时减轻或免除银行责任，明显与"债权准占有"说相悖。那么，《银行卡规定》根据存款人过失减轻银行责任的做法是否是错误的，该如何解释呢？本书认为，在存款人债权说的大前提下，根据存款人过失来减轻银行责任的做法是说不通的。但这并不意味着《银行卡规定》的立场是错误的：在银行卡被盗刷类案件中，若完全不考虑存款人的过错，显然将使银行承担过重的风险，不利于损害的预防，并与普通大众的朴素正义相悖。生活事实是，损害的

---

① 参见陈承堂《存款所有权归属的债法重述》，《法学》2016 年第 6 期。

② 参见张桥云、陈跃军《银行存款契约性质、微观结构与产品设计》，《金融研究》2009 年第 8 期；张桥云、官学清、吴静《存款契约设计相关理论述评》，《经济学动态》2005 年第 5 期。

③ 参见解亘《冒领存款纠纷背后的法理——王永胜诉中国银行南京河西支行储蓄存款合同纠纷案评析》，《浙江社会科学》2013 年第 2 期。

发生往往是多方原因的综合作用，难以完全归咎于一方或双方。存款人债权说无法解释该问题的根本原因，仍在于存款货币的债权构造缺乏科学性。

而在物权构造下，存款人通过行使归属所有权，可以随时全部或者部分地终止存款合同。此时，银行的支配所有权因其付款行为消灭，存款人的权利也就由仅享有归属所有权变为重新获得货币的绝对所有权。可见，存款人对存款货币的归属所有权与对现金货币的绝对所有权并无太大差别，在不考虑银行权利、仅从责任分配的角度的情况下，我们不妨将存款货币视为完全归存款人所有，银行则是一个共同占有主体。因此，在发生银行卡盗刷、偷换二维码的情形时，受害人始终是存款人——事实上，存款货币也确实来自存款人，银行只是接受货币而已——银行作为共同占有人，在其未尽识别义务、安全保障义务时应负违反安全保障义务的侵权责任。存款人若存在过错，自应适用过失相抵规则。亦即，银行与存款人共同构成对存款货币的占有，此时，任何一方未尽适当占有的注意义务，都会成为损害发生的原因，从而有进行过错分担、适用过失相抵规则的空间。由此，《银行卡规定》的立场具备了法理基础。

三　存款人归属所有权的变动

与银行支配所有权的被动性不同，存款人归属所有权最大程度地体现了存款人的意思自治。因此，不同于银行支配所有权变动的推定性，存款人归属所有权的变动应贯彻意思主义。当然，在存款货币的价值特定性丧失、权利人死亡的情形，也会导致存款人归属所有权的变动。此外，为呼应本书第一章第三节提出的问题，下文还将对涉及第三人行为的存款人归属所有权变动作体系解释。

（一）基于当事人合意的物权变动

意思自治是民法的基础，所有权变动亦不例外。如前所述，货币"占有即所有"规则的要义在于，打破一般动产物权变动规则的有因性，维护货币基于高度流通性而承载的交易安全价值。但这不意味着货币的物权变动无须兼顾行为人的意思自治：只有基于货币所有人的意思移转货币占有的行为才具有无因性，非基于货币所有人意思而转移货币占有的行为通常不发生移转货币所有权的效果，只是行为人意思的作出不以具有完全行为能力为条件。在存款货币法律关系中，虽然存款人仅享有存款货币的归属所有权——而非充分的绝对所有权，但归属所有权本身即意味着存款人有权以自己的意思随时进行权利处分，自应贯彻意思自治原则。值得注意的是，由于此种情况下货币所有权的物权变动具有无因性，故应特别注意行为人是否存在移转货币所有权的合意。

首先，在基于法律行为且存在所有权移转合意时，存款人的归属所有权发生变动。根据《民法典》第二百二十四条的规定，动产物权的设立和转让，原则上自交付时发生效力。据此，当事人作出转移存款货币归属所有权的意思，并完成交付的情形下，存款货币归属所有权的变动即告完成。在非现金支付体系下，不论支付平台的形式、账户性质，只要存款货币从一方控制的账户进入另一方控制的账户，交易得以完成，整个过程与动产交付类似。此外，虽无明确转移所有权之意思表示，但允许占有人自由支配和使用所占有的存款货币，也可以推定为存在转移所有权的意思。由于交付本身就是转移占有的行为，因此也可以说此种情形是存款货币适用"占有即所有"原则的体现。①

其次，虽基于法律行为但无转移所有权合意，且存款货币价值依然存在于占有人处，归属所有权不发生转移。此种情形实践中主要有以下两类：一是法律规定或者依法律关系的性质不发生所有权

---

① 参见司伟《错误汇款返还请求权排除强制执行的效力研究——基于裁判分歧的展开与分析》，《比较法研究》2022 年第 6 期。

转移，并以特户形式将存款货币特定化并排除占有人的支配使用。如委托、行纪、信托等法律关系中，受托人设定特定账户，使得委托财产和受托人自有财产相分离，以及法律规定的保证金账户、基金托管专户、客户证券交易结算资金账户等其他专用账户，将交付的存款货币存于专户，表明不允许受领人支配使用，也足以排除"占有即所有"规则之适用。二是账户虽并非专户，但账户内存款货币因未发生混合而具有特定性。如当事人约定将已经存在的账户专门用于存放特定款项，或除特定款项外，无其他款项进出该账户。上述两种情形是法律规定或当事人明确约定，或推定无转移所有权之意思，且存款货币都以账户为基础实现了特定化。因此，原权利人可以行使物权返还请求权。较为特殊的是，在共管账户情形下，应如何认定存款货币所有权归属。本书认为，虽然共管人对账户内资金构成共同占有，但是此种占有并不具有推定"所有"之效力，需要综合资金性质、当事人对转移所有权的约定等具体情形判断存款货币的归属。

最后，存款货币在发生混合的情况下，若价值特定性仍未丧失，则亦不发生物权变动，但若价值特定性丧失则会导致物权变动，下文详叙。

（二）价值特定性丧失的物权变动

在存款货币发生混合的情形，可适用动产添附规则。当然，与一般动产的混合不同，货币的混合因不存在主从关系，不发生属性上的合并，故只能成立按份共有，任何一方均享有单方分割权。这也得到了学术界的普遍认可。[①] 然则，这不意味着存款货币只能基于

---

① 参见王泽鉴《民法物权》（第二版），北京大学出版社 2010 年版，第 202—203 页；金印《论货币作为所有物返还请求权客体的可行性——兼论抛弃"货币占有即所有"原则的必要性》，载龙卫球、王文杰主编《两岸民商法前沿——民法典编纂与创制发展》，中国法制出版社 2016 年版，第 608 页；冯洁语《论私法中数字货币的规范体系》，《政治与法律》2021 年第 7 期；李建星《数字人民币私权论》，《东方法学》2022 年第 2 期。

当事人的合意发生变动，在占有人将存款货币投入流通的情况下，若被他人善意取得或价值特定性丧失，亦可发生所有权变动。

首先，较一般动产而言，存款货币被善意取得的情形要更加广泛。由于货币是具有高度流通性的特殊动产，在其不以特定形式存在时，通常情况下均具备占有人为权利人的外观，因而更容易构成善意取得。此种情形下的善意取得既普遍又确定，是货币流通的常态，也是货币"占有即所有"规则减轻货币流通成本的初衷。当存款货币为专用账户等特定化形式时，由于其权利外观存疑，所以受让人原则上非为善意，除非存在占有人的其他欺诈，才能补足此种权利外观上的瑕疵，故构成善意取得较为困难。此外，虽然我国《民法典》未明确规定盗赃物是否适用善意取得，但存款货币与一般动产相比，情况有所不同。若存款货币系盗赃物，则除非受让人知晓该事实，否则即构成善意取得，无须考虑善意取得的有因性要件。①

其次，若将存款货币投入流通并取得替代物，存款货币仍不失其价值特定性。或有观点认为，所有权具有追及效力无疑，但当存款货币被用于取得替代物时，将替代物的价值视为货币的价值，实际上赋予存款货币物上代位的效力，难谓合理。确实，在物权法理论中，作为他物权的担保物权具有物上代位性，很少有人主张所有权也具有物上代位性。本书认为，这恰恰是货币的特殊性所在，也是货币所有权与担保物权的共同之处。一般而言，物的根本意义在于其价值，但其价值的存在依赖于物理外形，一旦丧失了物理外形，其价值就丧失了。有体物的所有权、用益物权莫不如此。但担保物权不一样，担保物权的客体是物的交换价值，它可以不依赖于物的物理外形，原物丧失后只要存在代位物（如赔偿金、保险金等），就

---

① 关于善意取得，学界对其是否应具备有因性要件存在争议，但在货币中无须考虑。典型的例证是，德国法上的善意取得以具备有因性为要件，但货币的善意取得例外。

发生物上代位的效力，因为原物的交换价值并未丧失。既然存款货币的特定性是一种价值特定，当然可以把替代物的价值视为存款货币的价值。值得注意的是，虽然替代物的价值是特定的，但若其价值减少或降低，仍应认为权利人丧失了差额部分的存款货币所有权。

最后，若不存在替代物，或在替代物之外还有剩余的存款货币，原权利人存款货币价值特定性的有无应视情况而定。其一，若全部存款货币已被投入流通且不存在替代物，则由于价值已经不存在，当然丧失价值上的特定化，存款货币的所有权即归于消灭，权利人只能主张债权请求权。其二，若只将部分存款货币投入流通，则应区别对待：（1）若其替代物价值与剩余存款货币之和，与最初混合的存款货币相比维持不变或增多，则价值特定性依然存在，只是权利人不能就多余的价值主张物权请求权；（2）若替代物价值与剩余存款货币之价值总和少于最初混合的存款货币，虽有学者主张应按比例推定原权利人存款货币减少，① 但本书认为应优先推定占有人的存款货币减少。原因在于，诚信原则是民法的基本原则，任何人负有勿伤他人的义务。因此，当混合后的存款货币部分丧失时，应优先推定占有人自己的存款货币减少。当然，在有体物中，因特定物一旦灭失即构成履行不能，故无法贯彻这一原则。

（三）权利人死亡导致的物权变动

在一般的物权变动中，除了基于法律行为的物权变动外，还有非基于法律行为的物权变动。例如，《民法典》第二百二十九条至第二百三十一条分别规定了因法院、仲裁机构的法律文书或政府的征收决定、继承、合法建造与拆除房屋等事件或事实行为导致的物权变动。那么，这对存款人归属所有权的变动是否适用呢？本书认为，

---

① 参见孙鹏《金钱"占有即所有"原理批判及权利流转规则之重塑》，《法学研究》2019 年第 5 期；其木提《错误转账付款返还请求权的救济路径——兼评最高人民法院（2017）最高法民申 322 号民事裁定书》，《法学》2020 年第 2 期。

应当区别对待。考虑到货币的流通功能、铸币权归国家所有的现实，货币所有权不仅问题较为单一，多体现为如何变动的问题，且在义务人有资力时，主张物权、债权并无区别，故原则上无基于判决、仲裁文书、征收文件等导致物权变动或其他非基于法律行为的物权变动的必要。唯独在权利人死亡时，虽然存款货币并不丧失其价值特定性，但由于权利主体不复存在，故仍应发生物权变动。易言之，在被继承人死亡时，继承人即便未取得存款货币的占有，也不影响其作为继承人或共同继承人对存款货币享有所有权。

（四）涉及第三人行为的体系解释

首先，在借用账户的情形下，虽然借用账户行为本身违反了法律管理性强制规定，但有充足证据证明存款货币不属于账户户主所有，那么由于当事人之间缺乏移转存款货币所有权之合意，不能仅以账户户主信息为由认定存款货币所有权归属。于此情形下，虽然当事人之间存在借用账户的合意，但缺乏转移货币所有权的合意，不构成基于法律行为的物权变动。

其次，在错误汇款纠纷中，因汇款人和收款人之间根本没有达成转移所有权之合意（全部或部分数额），故不发生所有权之变动。在错汇款项仍保有价值上的特定性时，汇款人享有物权性返还请求权，并可以排除强制执行。对此，司法实践中法院说理虽各有不同，但认可汇款人的物权请求权或债权优先性的裁判不在少数。学理上，也有学者试图通过风险承担理论与一般债权人地位不变理论来论证不当得利债权在强制执行程序、破产程序中具有优先性。[①] 应当指出的是，从优先债权的角度固然可以同样保护汇款人的利益，但因缺乏理论上的解释力而只能通过司法政策予以确立。还有学者意识到错误汇款情形下汇款人利益保护的重要性，主张在存款人债权说路

---

① 参见黄赤橙《错误汇款返还请求权优先地位研究》，《法学家》2021 年第 4 期。

径下采取"原因关系不必要说及其例外"的规则，以错汇存款货币是否具有特定性，来判断错误汇款人仅享有债权性不当得利返还请求权，还是错汇存款债权之"所有"人；① 或主张在符合特定化的情形下，错汇款项不属于收款人的责任财产，错误汇款人的权利具有排除强制执行的效力，并可以在收款人破产程序中行使取回权。② 上述主张更多是对司法实践的事实归纳，但对为何要以"特定化"来赋予一种债权以优先效力、排除强制性效力，则欠缺学理说明。本书认为，上述两种观点以错汇款项是否"特定化"为标准，实际就是对存款货币价值是否依然存在的判断，隐含的内在逻辑是以物的标准对存款债权进行判断。因此，要实现逻辑上的自洽，不如在承认存款人对存款货币享有归属所有权的前提下，直接适用动产物权变动规则，并以价值特定性是否存在为判断标准，赋予错误汇款人以物权性救济，将错误汇款的存款货币排除于收款人的责任财产范围。

再次，在存款人享有归属所有权的语境下，偷换商家的收款二维码与偷换有形的保险箱并无本质不同。无论是顾客还是商家，其与行为人之间并不存在转移所有权之合意，因此，行为人并不能因占有而取得存款货币之所有权。这也使得刑法上构成盗窃罪的逻辑更加顺畅，由于商家和顾客对钱款进入行为人账户这一事实完全不知情，均没有基于错误的认识而错误处分财产，因而缺乏诈骗罪的关键要素——受骗人的处分行为和处分意识。行为人以不为被害人所知之方式，将被害人的财产非法据为己有，这正是盗窃罪秘密窃取财物的特征。当然，在偷换二维码的纠纷中，由于银行不可能存在过错，不涉及银行与存款人的责任分担问题，因此，基于存款货

---

① 参见其木提《错误转账付款返还请求权的救济路径——兼评最高人民法院（2017）最高法民申 322 号民事裁定书》，《法学》2020 年第 2 期。

② 参见司伟《错误汇款返还请求权排除强制执行的效力研究——基于裁判分歧的展开与分析》，《比较法研究》2022 年第 6 期。

币物权构造的解释和债权构造下适用更新后的债权准占有的结果并无二致。

最后，在银行卡盗刷案件中，按照存款货币物权构造的立场，由于存款人与银行共同占有存款货币，《银行卡规定》关于适用过失相抵规则的立场就获得了融贯解释。而之所以银行卡盗刷纠纷无法在债权构造下获得解释，是因为银行卡盗刷的实质是银行与存款人的责任分担。虽然银行卡盗刷本质上是第三人的侵权行为，但此类纠纷的难点在于无法找到第三人或第三人无偿还能力，若能找到第三人且其有偿还能力，则不会成为实践难题。当然，我们也无须担心存款人承担过重的责任：虽然存款人是唯一的受害人，但由于银行除负有付款的识别义务外，其对存款人享有归属所有权的存款货币也负有安全保障义务，再加上存款保险的风险分担功能，无过错的存款人很难承担责任，有过错的存款人承担一定的损失也符合自负损害的侵权法机理。

这同时也表明，借用账户、错误汇款、偷换二维码、银行卡盗刷等涉第三人的存款货币纠纷之所以成为实践难题，根本原因还在于存款货币中银行与存款人的权利构造问题。存款货币的债权构造因其内在地具有不合理性，故以其为分析框架去解释涉第三人的存款货币纠纷时，也会遇到各种难题；反之，由于存款货币的物权构造正确地解释了存款人与银行的法律关系，故也能妥当地处理涉第三人的存款货币纠纷。

结　语

诚如学者所言，财产权构造的重塑与其说是一个概念形式问题，不如说是一个方法论选择问题。① 关于存款货币权利构造的研究，如果不能摆脱路径依赖，则只能止步于存款人债权说。然而，法学作为探究规范、事实关系的学科，研究者的眼光须在规范与事实之间来回穿梭。通过这样一种反复的尝试、检讨，去减少规范和理论的失真，尽可能达致规范对事实的准确涵摄。本书就是这样的一种尝试。虽然通过厘清"债权准占有"概念并借助"逻辑一秒钟"加以分析，存款人债权说的解释力也在增强，但理论争鸣和实践分歧仍不断提醒人们去反思这样一些事实、规范交融的问题：只有以物理形式存在的货币才是货币吗？货币"占有即所有"规则是否可以完全不考虑所有权人的意志？银行账户具有何种法律意义？所有权的绝对性究竟是理论演绎的历史必然，还是也因受意识形态（如反封建的资产阶级的个人主义价值）影响而具有某种隐蔽性？

带着这样的一些问题，本书以货币的本质及法律属性为起点，开启了存款货币权利构造的艰难探究之旅。经由本书的研究可知，货币以国家信用为基础，本质上是一种物化的债权，币材仅为货币的形式和特定化的工具，现金货币、存款货币、数字货币莫不例外。

---

① 参见梅夏英《民法上"所有权"概念的两个隐喻及其解读——兼论当代财产权法律关系的构建》，《中国人民大学学报》2002 年第 1 期。

物债二分具有相对性，排他性利益作为中间地带，究竟应视为债权抑或物权，端视经济效率、法律政策而定。从这个意义上说，货币作为一种稳定的购买力，应作为法律上的动产。不可否认的是，在现代支付语境下，存款货币的"物性"早已被社会实践和惯例所确认。

一般认为，货币遵循"占有即所有"的物权变动规则，该规则的要义在于打破一般动产物权变动规则的有因性，从而维护货币基于高度流通性而承载的交易安全价值。但即便如此，货币"占有即所有"规则应当受到当事人意思的限制，即只有基于货币所有人意思转移货币占有的行为才具有无因性，非基于货币所有人意思而转移货币占有的行为不导致货币所有权的转移，价值特定性丧失、权利人死亡的情形除外。

通说认为，存款货币为债权构造，银行因占有存款货币而取得所有权，存款人仅享有债权。但以借用账户、错误汇款、偷换二维码、银行卡盗刷为代表的实践难题，从涉第三人行为的法律关系角度，展示了存款人债权说的体系矛盾。通说在货币"占有即所有"规则之外还有一个重要理由，即银行"借短贷长"的资产负债结构要求其取得存款货币的所有权。但实际上，虽然商业银行以存款、贷款为主要业务，"借短贷长"为其利润产生机制，但银行取得存款货币的所有权也只是维系其负债结构的充分而非必要条件。从存款合同的内容上看，存款人债权说解释了银行对存款货币的利用自由，却忽视了存款人也对存款存在某种支配的事实。不唯如此，银行对存款货币的安全保障义务、存款人对账户密码的保护义务、存款利息的规范本质均与存款合同的债权构造不符。就存款合同的性质来看，消费借贷说与存款合同的债权构造一脉相承，显然忽视了借贷与存款的区别；消费寄托说虽然也主张货币所有权的转移，但更有利存款的保障；不移转存款货币所有权的新消费寄托说正视了存款人的随时支配权，但在解释银行负债结构时遇到了难题。不过，在引入相对所有权的分析工具后，这一问题迎刃而解。

　　存款货币债权构造的一个前提预设，是存款货币仅能由银行占有，但存款人的物权性占有亦有其可能：不仅司法实践常将存款人基于账户的控制视为对存款货币的占有，刑法学界的有力学说也认为存款人与银行构成"重叠占有"。在民法上，虽然传统理论将所有权客体限定为有体物，同时形成了"物必有体"的观念。但一方面，学界对占有的事实控制力的理解走向了观念化趋势；另一方面，所有权客体也存在向无体物扩张的倾向。因此，无体物也可以被占有。在存款货币中，一方面，由于物的可支配性来自物的特定化，存款货币作为无体物，在银行账户的基础上完全可以实现价值的特定化，因此可以作为所有权的客体；另一方面，存款人对存款货币享有现实的、随时支配权，表明存款"债权"具有普通债权所不具备的极强的控制与支配特征，可以成立存款人对无体存款货币的占有。

　　"涉及货币的社会关系是迄今为止最抽象、最隐晦的，通过它们所产生的知识最庞大、最复杂，也最难掌握。"① 因为它涉及的问题不仅是民法的基础问题，而且是民法基础问题中殊相、共相兼备的难题，只有打通各个难题的任督二脉才能获得融贯解释，难度不可谓不大。而即便在完成存款货币物权构造的铺垫后，如何解释相对所有权的构造与实证法基础，仍然是极具挑战性的问题。与居于统治地位的绝对所有权观念相比，相对所有权理论还很稚嫩，即便它只是作为绝对所有权的补充，也不大为人所熟悉和理解。因此，虽然本书自认为完成了存款货币物权构造的理论阐释，但阐释过程的科学性和阐释方案的有效性，均有待于进一步的理论检讨和实践检验。

---

　　① ［西班牙］赫苏斯·韦尔塔·德索托：《货币、银行信贷与经济周期》（第三版，下册），秦传安译，上海财经大学出版社 2016 年版，第 561 页。

参考文献

一　中文著作类

常鹏翱：《物权法的展开与反思》，法律出版社 2017 年版。

陈华彬：《物权法要义》，中国政法大学出版社 2018 年版。

陈华彬：《物权法原理》，国家行政学院出版社 1998 年版。

崔建远：《静动辉映的物权与债权》，法律出版社 2021 年版。

崔建远：《物权法》（第五版），中国人民大学出版社 2021 年版。

崔建远：《中国民法典释评物权编》（上卷），中国人民大学出版社 2020 年版。

戴小平主编：《商业银行学》，复旦大学出版社 2007 年版。

房绍坤：《用益物权基本问题研究》，北京大学出版社 2006 年版。

房绍坤主编：《民法》（第七版），中国人民大学出版社 2020 年版。

郭明瑞：《物权法通义》（修订本），商务印书馆 2022 年版。

韩世远：《合同法总论》（第四版），法律出版社 2018 年版。

何光辉编著：《货币银行学》，复旦大学出版社 2016 年版。

黄风：《罗马法》（第三版），中国人民大学出版社 2019 年版。

黄薇主编：《中华人民共和国民法典物权编释义》（上），法律出版社 2020 年版。

黄薇主编：《中华人民共和国民法典物权编释义》（中），法律出版社 2020 年版。

蒋先玲编著：《货币银行学》（第三版），对外经贸大学出版社 2019 年版。

李国强：《财产法体系的解释：〈中华人民共和国民法典〉的财产法逻辑》，北京大学出版社 2022 年版。

李国强：《相对所有权的私法逻辑》，社会科学文献出版社 2013 年版。

李平主编：《金融学》，北京理工大学出版社 2021 年版。

李山赓编著：《货币银行学》（第 2 版），北京理工大学出版社 2016 年版。

李永军：《民法总论》（第四版），中国政法大学出版社 2018 年版。

梁慧星：《民法总论》（第六版），法律出版社 2021 年版。

梁慧星、陈华彬：《物权法》（第七版），法律出版社 2020 年版。

刘保玉：《物权法学》（第二版），中国法制出版社 2022 年版。

刘得宽：《民法诸问题与新展望》，中国政法大学出版社 2002 年版。

刘得宽：《民法总则》（第四版），中国政法大学出版社 2006 年版。

刘家安：《民法物权》，中国政法大学出版社 2023 年版。

刘磊、吴之欧：《数字货币与法》，法律出版社 2022 年版。

刘少军、王一轲：《货币财产（权）论》，中国政法大学出版社 2009 年版。

刘智慧：《占有制度原理》，中国人民大学出版社 2007 年版。

孟勤国：《物权二元结构论——中国物权制度的理论重构》（修订版），法律出版社 2020 年版。

倪龙燕：《论间接占有在我国的构建》，法律出版社 2022 年版。

宁红丽：《物权法占有编》，中国人民大学出版社 2007 年版。

彭兴韵：《金融学原理》（第六版），格致出版社 2019 年版。

渠涛、刘保玉、高圣平：《物权法学的新发展》，中国社会科学出版社 2021 年版。

任碧云主编:《货币银行学》,中国财政经济出版社 2001 年版。

申卫星:《物权法原理》(第二版),中国人民大学出版社 2016
年版。

史尚宽:《民法总论》,中国政法大学出版社 2000 年版。

史尚宽:《债法各论》,中国政法大学出版社 2000 年版。

苏明政、张满林主编:《货币银行学》,北京理工大学出版社 2017
年版。

苏永钦:《寻找新民法》,北京大学出版社 2012 年版。

孙宪忠:《德国当代物权法》,法律出版社 1997 年版。

孙宪忠:《中国物权法总论》(第四版),法律出版社 2018 年版。

孙宪忠、朱广新:《民法典评注:物权编》,中国法制出版社 2020
年版。

孙宪忠、朱广新主编:《民法典评注物权编》(第 1 册),中国法制
出版社 2020 年版。

王建平:《金融法学》,立信会计出版社 2003 年版。

王利明主编:《中国民法典评注合同编》(一),人民法院出版社
2021 年版。

王利明主编:《中国民法典评注物权编》(上),人民法院出版社
2021 年版。

王利明主编:《中国民法典评注物权编》(下),人民法院出版社
2021 年版。

王卫国主编:《金融法学家》第 8 辑,中国政法大学出版社 2017
年版。

王泽鉴:《民法物权》(第二版),北京大学出版社 2010 年版。

吴志攀:《金融法概论》(第五版),北京大学出版社 2011 年版。

谢在全:《民法物权论》,中国政法大学出版社 2011 年版。

徐国栋:《民法总论》(第二版),高等教育出版社 2019 年版。

徐国栋：《优士丁尼〈法学阶梯〉评注》，北京大学出版社 2011 年版。

徐国栋：《中国民法典与罗马法》，北京大学出版社 2021 年版。

杨代雄：《法律行为论》，北京大学出版社 2021 年版。

杨代雄：《民法总论》，北京大学出版社 2022 年版。

叶金强：《公信力的法律构造》，北京大学出版社 2004 年版。

尹田：《法国物权法》（第二版），法律出版社 2009 年版。

于海涌：《空间物权法律制度研究》，北京大学出版社 2020 年版。

翟新辉：《中国物权法的过去、现在与未来》，中国政法大学出版社 2016 年版。

张永健：《物权法之经济分析：所有权》，北京大学出版社 2019 年版。

长铗、韩锋、杨涛：《区块链：从数字货币到信用社会》，中信出版社 2016 年版。

赵晓菊：《银行风险管理——理论与实践》，上海财经大学出版社 1999 年版。

郑玉波：《民法总则》，中国政法大学出版社 2003 年版。

周洛华：《货币起源》，上海财经大学出版社 2019 年版。

周枏：《罗马法原论》，商务印书馆 2014 年版。

周若愚：《钱约论：货币的契约本质与货币银行学革命》，中国经济出版社 2016 年版。

朱庆育：《中国民法典评注》，中国民主法制出版社 2021 年版。

庄加园：《民法典体系下的动产所有权变动：占有取得与所有权让与》，法律出版社 2020 年版。

最高人民法院民法典贯彻实施工作领导小组主编：《中华人民共和国民法典合同编理解与适用》（一），人民法院出版社 2020 年版。

最高人民法院民法典贯彻实施工作领导小组主编：《中华人民共和国

民法典物权编理解与适用》（上），人民法院出版社 2020 年版。

最高人民法院民法典贯彻实施工作领导小组主编：《中华人民共和国
民法典物权编理解与适用》（下），人民法院出版社 2020 年版。

［意］S. 斯奇巴尼、朱勇主编，费安玲执行主编：《罗马法、中国法
与民法法典化》，中国政法大学出版社 2020 年版。

二 中文译著类

［奥地利］路德维希·冯·米塞斯：《货币和信用理论》，樊林洲译，
商务印书馆 2018 年版。

［德］M. 沃尔夫：《物权法》，吴越、李大雪译，法律出版社 2004
年版。

［德］鲍尔·施蒂尔纳：《德国物权法》（上册），张双根译，法律出
版社 2004 年版。

［德］鲍尔·施蒂尔纳：《德国物权法》（下册），申卫星、王洪亮
译，法律出版社 2006 年版。

［德］迪特尔·梅迪库斯：《德国民法总论》，邵建东译，法律出版
社 2013 年版。

［德］迪特尔·施瓦布：《民法导论》，郑冲译，法律出版社 2006
年版。

［德］恩特斯·卡西尔：《人论》，甘阳译，上海译文出版社 2013
年版。

［德］汉斯·布洛克斯、沃尔夫·迪特里希·瓦尔克：《德国民法总
论》，张艳译，中国人民大学出版社 2012 年版。

［德］卡尔·拉伦茨：《德国民法通论》，王晓晔等译，法律出版社
2013 年版。

［德］卡尔·拉伦茨：《法律行为解释之方法——兼论意思表示解释
理论》，范雪飞等译，法律出版社 2018 年版。

［德］卡尔·拉伦茨：《法学方法论》，陈爱娥译，商务印书馆 2020
年版。

欧洲民法典研究组、欧盟现行私法研究组编著，［德］克里斯蒂安·
冯·巴尔、［英］埃里克·克莱夫主编：《欧洲私法的原则、定义
与示范规则：欧洲示范民法典草案（全译本）》（第八卷），朱文
龙、姜海峰、张珵译，法律出版社 2014 年版。

［德］马克思：《资本论》（第一卷），中共中央马克思恩格斯列宁斯
大林著作编译局编译，人民出版社 2018 年版。

［德］马克斯·韦伯：《经济与社会》（上卷），阎克文译，上海人民
出版社 2020 年版。

［德］曼弗雷德·沃尔夫：《物权法》，吴越、李大雪译，法律出版
社 2004 年版。

［德］尼克拉斯·卢曼著：《信任：一个社会复杂性的简化机制》，
瞿铁鹏、李强译，上海人民出版社 2005 年版。

［德］萨维尼：《当代罗马法体系》（第一卷），朱虎译，中国法制出
版社 2010 年版。

［德］萨维尼：《论占有》，朱虎、刘智慧译，法律出版社 2007
年版。

［德］维尔纳·弗卢梅：《法律行为论》，迟颖译，法律出版社 2013
年版。

［德］西美尔：《货币哲学》，陈戎女等译，华夏出版社 2002 年版
年版。

［德］尤尔根·哈贝马斯：《在事实与规范之间》，童世骏译，生
活·读书·新知三联书店 2003 年版。

［俄］E.A.苏哈诺夫主编：《俄罗斯民法》，付荣译，中国政法大学
出版社 2011 年版。

［法］弗朗索瓦·泰雷、［法］菲利普·森勒尔：《法国财产法》

（上），罗结珍译，中国法制出版社 2008 年版。

［法］让·巴蒂斯特·萨伊：《政治经济学概论》，赵康英等译，华夏出版社 2014 年版。

［古罗马］盖尤斯：《法学阶梯》，黄风译，中国政法大学出版社 1996 年版。

［古罗马］优士丁尼：《学说汇纂》（第十六卷），李超译，中国政法大学出版社 2016 年版。

［古罗马］优士丁尼：《学说汇纂》（第四十一卷），贾婉婷译，中国政法大学出版社 2011 年版。

［美］C. E. 斯普拉格：《账户的哲学》，许家林、刘霞译，立信会计出版社 2014 年版。

［美］L. 兰德尔·雷：《现代货币理论》，张慧玉、王佳楠、马爽译，中信出版社 2017 年版。

［美］弗雷德里克·S. 米什金：《货币金融学》（第十二版），郑艳文译，中国人民大学出版社 2021 年版。

［美］劳伦斯·莱斯格：《网络空间中的法律》，李旭、沈伟伟译，清华大学出版社 2018 年版。

［美］马丁·迈耶：《大银行家：电子时代的货币、信用与银行》，何自云译，海南出版社 2000 年版。

［美］米尔顿·弗里德曼：《货币的祸害——货币史片断》，安佳译，商务印书馆 2006 年版。

［日］近江幸治：《民法讲义 I·民法总则》（第 6 版补订），渠涛等译，北京大学出版社 2015 年版。

［日］山本敬三：《民法讲义 I·总则》（第 3 版），解亘译，北京大学出版社 2012 年版。

［日］我妻荣：《新订民法总则》，于敏译，中国法制出版社 2008 年版。

［日］我妻荣：《债权各论》（中卷二），周江洪译，中国法制出版社
　　2008 年版。

［日］我妻荣：《债权在近代法中的优越地位》，王书江、张雷译，
　　中国大百科全书出版社 2010 年版。

［西班牙］赫苏斯·韦尔塔·德索托：《货币、银行信贷与经济周
　　期》（上、下册），秦传安译，上海财经大学出版社 2016 年版。

［意］巴里·尼古拉斯：《罗马法概论》（修订译本），黄风译，法律
　　出版社 2021 年版。

［意］彼得罗·彭梵得：《罗马法教科书》，黄风译，中国政法大学
　　出版社 2017 年版。

［意］鲁道夫·萨科、拉法埃莱·卡太丽娜：《占有论》，贾婉婷译，
　　中国政法大学出版社 2014 年版。

［意］桑德罗·斯奇巴尼选编：《物与物权》，范怀俊、费安玲译，
　　中国政法大学出版社 2009 年版。

［英］卡尔·波兰尼：《大转型》，冯钢、刘阳译，当代世界出版社
　　2020 年版。

［英］凯恩斯：《货币论》，罗淑玲等译，重庆出版社 2021 年版。

［英］西蒙·格里森：《货币的法律概念》，张铮译，上海人民出版
　　社 2022 年版。

中共中央马克思恩格斯列宁斯大林著作编译局编译：《马克思恩格斯
　　全集》（第十三卷），人民出版社 1962 年版。

三　中文期刊论文类

柏浪涛：《论诈骗罪中的"处分意识"》，《东方法学》2017 年第
　　2 期。

蔡立东：《从"权能分离"到"权利行使"》，《中国社会科学》
　　2021 年第 4 期。

蔡颖：《偷换二维码行为的刑法定性》，《法学》2020 年第 1 期。

曹新友：《论存款所有权的归属》，《现代法学》2000 年第 2 期。

常鹏翱：《供应链金融背景下存货动态质押的疑点问题研究——以"民法典担保制度司法解释"第 55 条为中心》，《清华法学》2021年第 4 期。

常鹏翱：《意思能力、行为能力与意思自治》，《法学》2019 年第 3 期。

常鹏翱：《债权与物权在规范体系中的关联》，《法学研究》2012 年第 6 期。

车浩：《占有概念的二重性：事实与规范》，《中外法学》2014 年第 5 期。

陈彩虹：《现代货币本质和形态研究——兼谈脸书（Facebook）的 Libra》，《武汉金融》2019 年第 12 期。

陈彩虹：《纸币契约论》，《财经问题研究》1997 年第 8 期。

陈承堂：《存款所有权归属的债法重述》，《法学》2016 年第 6 期。

陈洪兵：《中国语境下存款占有及错误汇款的刑法分析》，《当代法学》2013 年第 5 期。

陈甦：《处理银行卡盗刷纠纷的法理基础及实务要点》，《法学杂志》2022 年第 1 期。

储槐植、唐风玉：《刑民一体化视野下二维码案侵财行为定性研究》，《刑法论丛》2019 年第 3 期。

方新军：《盖尤斯无体物概念的建构与分解》，《法学研究》2006 年第 4 期。

房绍坤：《论民法典物权编与合同编的立法协调》，《现代法学》2018 年第 6 期。

房绍坤：《用益物权与所有权关系辨析》，《法学论坛》2003 年第 4 期。

房绍坤、曹相见：《集体土地所有权的权能构造与制度完善》，《学习与探索》2020 年第 7 期。

房绍坤、徐聪：《保留所有权买卖的三项规则：登记对抗、取回权及标的物添附》，《东岳论丛》2022 年第 12 期。

费安玲：《论买卖合同标的物规则的形成理念——以人格尊严和无体物为分析视角》，《环球法律评论》2022 年第 3 期。

费安玲：《罗马法对所有权限制之探微》，《比较法研究》2010 年第 3 期。

冯辉：《论银行卡盗刷案件中银行赔偿责任的认定与分配——基于司法判决的类型化分析》，《社会科学》2016 年第 2 期。

冯洁语：《论私法中数字货币的规范体系》，《政治与法律》2021 年第 7 期。

冯珏：《法人理论之社会基础的更新：从社团到企业》，《南大法学》2021 年第 2 期。

高富平：《从实物本位到价值本位——对物权客体的历史考察和法理分析》，《华东政法学院学报》2003 年第 5 期。

高郦梅：《网络虚拟财产保护的解释路径》，《清华法学》2021 年第 3 期。

高圣平：《动产担保交易的功能主义与形式主义——中国〈民法典〉的处理模式及其影响》，《国外社会科学》2020 年第 4 期。

高圣平：《新型农业经营体系下农地产权结构的法律逻辑》，《法学研究》2014 年第 4 期。

耿林：《论银行账户担保》，《法学杂志》2022 年第 6 期。

黑静洁：《存款的占有新论》，《中国刑事法杂志》2012 年第 1 期。

胡吕银：《现代物权思维下对公司财产权利结构的新解析》，《法学》2012 年第 2 期。

黄赤橙：《错误汇款返还请求权优先地位研究》，《法学家》2021 年第 4 期。

纪海龙：《民法典动产与权利担保制度的体系展开》，《法学家》
2021 年第 1 期。

解亘：《冒领存款纠纷背后的法理——王永胜诉中国银行南京河西支
行储蓄存款合同纠纷案评析》，《浙江社会科学》2013 年第 2 期。

金可可：《基于债务关系之支配权》，《法学研究》2009 年第 2 期。

金可可：《债权物权区分说的构成要素》，《法学研究》2005 年第
1 期。

黎宏：《论财产犯中的占有》，《中国法学》2009 年第 1 期。

李国强：《论农地流转中"三权分置"的法律关系》，《法律科学》
2015 年第 6 期。

李国强：《时代变迁与物权客体的重新界定》，《北京师范大学学报》
2011 年第 1 期。

李建星：《数字人民币私权论》，《东方法学》2022 年第 2 期。

李建星：《银行卡盗刷责任分配规则之重塑》，《南大法学》2022 年
第 1 期。

李晶：《论法定数字货币的法律性质及其监管》，《上海政法学院学
报》（法制论丛）2022 年第 2 期。

李前伦：《论银行账户资金的权利属性》，《大连海事大学学报（社
会科学版）》2008 年第 1 期。

李强：《财产权二元系新论——以排他性财产权与非排他性财产权的
区分为视角》，《现代法学》2009 年第 2 期。

李强：《作为规范性支配的占有——以日本的刑事判例为中心》，
《环球法律评论》2018 年第 1 期。

李锡鹤：《作为种类物之货币"占有即所有"无例外吗——兼论信
托与捐赠财产的法律性质》，《法学》2014 年第 7 期。

李永军：《论民法典形式意义与实质意义上的担保物权——形式与实

质担保物权冲击下的物权法体系》,《西北师大学报(哲学社会科学版)》2020年第6期。

李运杨:《〈民法典〉动产担保制度对功能主义的分散式继受》,《华东政法大学学报》2022年第4期。

梁慧星:《论企业法人与企业法人所有权》,《法学研究》1981年第1期。

林旭霞:《虚拟财产权性质论》,《中国法学》2009年第1期。

刘保玉:《论货币所有权流转的一般规则及其例外》,《山东审判》2007年第3期。

刘保玉:《民法典担保物权制度新规释评》,《法商研究》(中南政法学院学报)2020年第5期。

刘保玉、秦伟:《物权与债权的区分及其相对性问题论纲》,《法学论坛》2002年第5期。

刘德良、许中缘:《物权债权区分理论的质疑》,《河北法学》2007年第1期。

刘家安:《含混不清的"占有"》,《中外法学》2006年第2期。

刘磊:《从货币起源到现代货币理论:经济学研究范式的转变》,《政治经济学评论》2019年第5期。

刘明祥:《论刑法中的占有》,《法商研究》(中南政法学院学报)2000年第3期。

龙俊:《民法典时代保证金的双重属性》,《法学杂志》2021年第4期。

龙俊:《民法典中的动产和权利担保体系》,《法学研究》2020年第6期。

陆凯旋:《论货币的本质》,《金融理论与实践》2002年第2期。

马俊驹、梅夏英:《财产权制度的历史评析和现实思考》,《中国社会科学》1999年第1期。

马新彦:《罗马法所有权理论的当代发展》,《法学研究》2006 年第 1 期。

梅夏英:《民法上"所有权"概念的两个隐喻及其解读——兼论当代财产权法律关系的构建》,《中国人民大学学报》2002 年第 1 期。

孟勤国:《物的定义与〈物权编〉》,《法学杂志》2019 年第 3 期。

孟勤国:《也论法人所有制》,《广西大学学报(哲学社会科学版)》1988 年第 3 期。

其木提:《错误转账付款返还请求权的救济路径——兼评最高人民法院(2017)最高法民申 322 号民事裁定书》,《法学》2020 年第 2 期。

其木提:《货币所有权归属及其流转规则——对"占有即所有"原则的质疑》,《法学》2009 年第 11 期。

其木提:《论债务人对债权准占有人清偿的效力》,《法学》2013 年第 3 期。

钱叶六:《存款占有的归属与财产犯罪的界限》,《中国法学》2019 年第 2 期。

冉昊:《"相对"的所有权——双重所有权的英美法系视角与大陆法系绝对所有权的解构》,《环球法律评论》2004 年第 4 期。

冉昊:《"义务人的知晓"对物权/债权二元区分的改善》,《法学》2015 年第 3 期。

冉昊:《论"中间型权利"与财产法二元架构——兼论分类的方法论意义》,《中国法学》2005 年第 6 期。

冉昊:《论英美财产法中的产权概念及其制度功能》,《法律科学》2006 年第 5 期。

阮齐林:《"二维码替换案"应定性诈骗》,《中国检察官》2018 年第 1 期。

申卫星：《所有权保留买卖买受人期待权之本质》，《法学研究》2003 年第 2 期。

司伟：《错误汇款返还请求权排除强制执行的效力研究——基于裁判分歧的展开与分析》，《比较法研究》2022 年第 6 期。

苏永钦：《大民法典的理念与蓝图》，《中外法学》2021 年第 1 期。

孙鹏：《金钱"占有即所有"原理批判及权利流转规则之重塑》，《法学研究》2019 年第 5 期。

孙山：《财产法的体系演进》，《上海政法学院学报》2021 年第 5 期。

孙宪忠：《推进农地三权分置经营模式的立法研究》，《中国社会科学》2016 年第 7 期。

孙新宽：《债权表见受领的制度构成》，《法学》2022 年第 3 期。

田桔光：《银行卡被盗刷纠纷案件的法律适用》，《人民司法》2021 年第 19 期。

王立栋：《功能主义担保观下物权客体特定原则的现代理解及其法律实现》，《学习与探索》2021 年第 6 期。

王利明：《担保制度的现代化：对〈民法典〉第 388 条第 1 款的评析》，《法学家》2021 年第 1 期。

王利明：《论股份制企业所有权的二重结构——与郭锋同志商榷》，《中国法学》1989 年第 1 期。

王利明：《论数据权益：以"权利束"为视角》，《政治与法律》2022 年第 7 期。

王明远：《论碳排放权的准物权和发展权属性》，《中国法学》2010 年第 6 期。

王明远：《论碳排放权的准物权和发展权属性》，《中国法学》2010 年第 6 期。

王卫国：《现代财产法的理论建构》，《中国社会科学》2012 年第 1 期。

王学龙、于潇、白雪秋：《货币契约、金融功能与经济发展》，《财经问题研究》2012 年第 1 期。

王涌：《财产权谱系、财产权法定主义与民法典〈财产法总则〉》，《政法论坛》2016 年第 1 期。

王中合：《论网络虚拟财产的物权属性及其基本规则》，《国家检察官学院学报》2006 年第 6 期。

王竹：《〈物权法〉视野下的虚拟财产二分法及其法律规则》，《福建师范大学学报（哲学社会科学版）》2008 年第 5 期。

韦森：《从货币的起源看货币的本质：历史与现实》，《政治经济学评论》2016 年第 5 期。

韦森：《货币的本质再反思》，《财经问题研究》2016 年第 10 期。

韦森、翁一：《货币的本质是一种债》，《中国经济报告》2017 年第 2 期。

温世扬、吴昊：《集体土地"三权分置"的法律意蕴与制度供给》，《华东政法大学学报》2017 年第 3 期。

温世扬、武亦文：《物权债权区分理论的再证成》，《法学家》2010 年第 6 期。

吴真：《存款人权利研析》，《当代法学》2003 年第 2 期。

夏尊文：《存款货币财产所有权研究》，《北方法学》2011 年第 5 期。

谢鸿飞：《〈民法典〉实质担保观的规则适用与冲突化解》，《法学》2020 年第 9 期。

谢华宁、潘悦：《以信托为鉴，重构存款所有权》，《黑龙江省政法管理干部学院学报》2005 年第 5 期。

谢志刚：《货币的商品论与信用论之争及其演进》，《学术研究》2021 年第 12 期。

熊丙万：《实用主义能走多远——美国财产法学引领的私法新思维》，《清华法学》2018 年第 1 期。

徐国栋：《论罗马法对物权与债权的区分》，《江汉论坛》2015 年第 2 期。

徐凌波：《置换二维码行为与财产犯罪的成立》，《国家检察官学院学报》2018 年第 2 期。

许可：《网络虚拟财产物权定位的证立——一个后果论的进路》，《政法论坛》2016 年第 5 期。

许中缘：《论〈民法典〉的功能主义释意模式》，《中国法学》2021 年第 6 期。

杨东、陈哲立：《法定数字货币的定位与性质研究》，《中国人民大学学报》2020 年第 3 期。

杨立新：《对债权准占有人给付的效力》，《法学研究》1991 年第 3 期。

杨立新、王竹：《论货币的权利客体属性及其法律规制——以"一般等价物"理论为核心》，《中州学刊》2008 年第 4 期。

杨依山、刘强：《本质与形式：货币演化的逻辑》，《文史哲》2021 年第 5 期。

叶金强：《现行动产担保模式之批判》，《法学杂志》2022 年第 6 期。

尹田：《物权与债权的区分价值：批判与思考》，《人大法律评论》2001 年第 2 期。

袁野：《"债权物权化"之范畴厘定》，《法学研究》2022 年第 4 期。

张静：《所有权概念有体性之超越及其体系效应——以评析 Ginossar 所有权理论为视角》，《南大法学》2021 年第 5 期。

张明楷：《领取无正当原因汇款的行为性质》，《法学》2020 年第 11 期。

张明楷：《三角诈骗的类型》，《法学评论》2017 年第 1 期。

张鹏：《物债二分体系下的物权法定》，《中国法学》2013 年第 6 期。

张启迪：《存款准备金制度的过去、现在和将来》，《经济学家》

2021 年第 1 期。

张桥云、陈跃军：《银行存款：契约性质、微观结构与产品设计》，《金融研究》2009 年第 8 期。

张庆立：《偷换二维码取财的行为宜认定为诈骗罪》，《东方法学》2017 年第 2 期。

张庆麟：《论货币的物权特征》，《法学评论》2004 年第 5 期。

张雪煤：《银行卡纠纷疑难问题研究》，《法律适用》2015 年第 3 期。

张永健：《物权的关系本质——基于德国民法概念体系的检讨》，《中外法学》2020 年第 3 期。

章诗迪：《民法典视阈下所有权保留的体系重构》，《华东政法大学学报》2022 年第 2 期。

章正璋：《无权占有和间接占有的两个基本问题》，《学术界》2014 年第 2 期。

赵磊：《数字货币的私法意义——从东京地方裁判所 2014 年（ワ）第 33320 号判决谈起》，《北京理工大学学报》2020 年第 6 期。

周江洪：《所有权保留买卖的体系性反思——担保构成、所有权构成及合同构成的纠葛与梳理》，《社会科学辑刊》2022 年第 1 期。

周铭川：《偷换商家支付二维码获取财物的定性分析》，《东方法学》2017 年第 2 期。

周显志、张健：《论货币所有权》，《河北法学》2005 年第 9 期。

朱晓喆：《存款货币的权利归属与返还请求权——反思民法上货币"占有即所有"法则的司法运用》，《法学研究》2018 年第 2 期。

庄加园、李昊：《论动产占有的权利推定效力——以〈德国民法典〉第 1006 条为借鉴》，《清华法学》2011 年第 3 期。

邹海林：《所有权保留的制度结构与解释》，《法治研究》2022 年第 6 期。

四 学位论文类

冯鹏熙：《我国商业银行资产负债管理的实证研究》，博士学位论文，华中科技大学，2005 年。

许可：《论虚拟财产的法理》，博士学位论文，对外经济贸易大学，2015 年。

杨佳红：《民法占有制度研究》，博士学位论文，西南政法大学，2006 年。

五　网络文献

《2023 年支付体系运行总体情况》，中国人民银行支付结算司，http：//www. pbc. gov. cn/zhifujiesuansi/128525/128545/index. html，2024 年 4 月 23 日。

《案外人不能以被执行人账户中的资金系其误汇为由排除强制执行》，"最高人民法院民一庭"微信公众号，2022 年 1 月 24 日，https：//mp. weixin. qq. com/s/-UjTVOPnLHmPVZlspRZSEA，2024 年 6 月 4 日。

《切实贯彻落实民法典规范银行卡交易秩序依法保障持卡人合法权益——民二庭负责人就〈最高人民法院关于审理银行卡民事纠纷案件若干问题的规定〉答记者问》，最高人民法院官方网站，2021 年 5 月 25 日，https：//www. court. gov. cn/zixun-xiangqing-3047 81. html，2022 年 6 月 3 日。

《账户借用人不能排除强制执行》，"最高人民法院民一庭"微信公众号，2022 年 2 月 8 日，https：//mp. weixin. qq. com/s/cTs-Hjg-mgoxZTlmLPubHjw，2024 年 6 月 4 日。

韩军：《从"借短贷长"谈银行的真实利差》，人民网，2013 年 1 月 25 日，http：//finance. people. com. cn/money/n/2013/0125/c21849 0-20329647. html，2023 年 1 月 4 日。

六　外国法典

《奥地利普通民法典》，戴勇盛译，中国政法大学出版社 2016 年版。

《德国民法典》（第 4 版），陈卫佐译注，法律出版社 2015 年版。

《俄罗斯联邦民法典》（全译本），黄道秀译，北京大学出版社 2007
　　年版。

《法国民法典》，罗结珍译，北京大学出版社 2010 年版。

《韩国民法典 朝鲜民法》，金玉珍译，北京大学出版社 2009 年版。

《魁北克民法典》，徐国栋主编，孙建江、郭战红、朱亚芬译，中国
　　人民大学出版社 2005 年版。

《日本民法典》，刘士国、牟宪魁、杨瑞贺译，中国法制出版社 2018
　　年版。

《瑞士债法典》，于海涌、［瑞士］唐伟玲译，法律出版社 2018
　　年版。

《西班牙民法典》，潘灯、马琴译，中国政法大学出版社 2013 年版。

《意大利民法典》，陈国柱译，中国人民大学出版社 2010 年版。

《智利共和国民法典》，徐国栋主编，徐涤宇译，金桥文化出版（香
　　港）有限公司 2002 年版。

七　外文文献

Glyn Davies, *A History of Money*: *From Ancient Times to the Present Day*,
　　Cardiff: University of Wales Press, 2002.

Henry E. Smith, "Property as the Law of Things", *Harvard Law Review*,
　　Vol. 125, Issue 7, 2012.

Jane B. Baron, "Rescuing the Bundle‐of‐rights Metaphor in Property
　　Law", *U. Cin. L. Rev.*, Vol. 82, 2013.

J. E. Penner, "The 'Bundle of Rights' Picture of Property", *UCLA L.
　　Rev.*, Vol. 43, 1996.

Katy Barnett, "Western Australia v. Ward: One Step Forward and Two
　　Steps Back: Native Title and the Bundle of Rights Analysis",

Melb. U. L. Rev., Vol. 24, 2000.

William L. Tabac, "The Unbearable Lightness of Title under the Uniform Commercial Code", *Md. L. Rev.*, Vol. 50, 1991.

Williston and Samuel, "The Law of Sales in the Proposed Uniform Commercial Code", *Harv. L. Rev.*, Vol. 63, 1950.

后　记

在十几年前的法学课堂上，当得知"存入银行的钱归银行所有、存款人只享有债权"的观点，我对此毫不怀疑并讶于法律的专业性。进入法院工作后，最高法的权威意见、诸多司法案例都将货币"占有即所有"奉为不容置疑的理论前提，但当接触到越来越多银行卡盗刷、错误汇款等案件后，心头的疑惑渐渐加重：为何银行是所有权人，终局损失却由存款人承担（全部或部分）？为何生活中对存款货币的"物性"习以为常，而法律却将其认定为债权？物权与债权到底应如何界分？

2020年9月15日，带着上述疑问，我告别了法官的法治梦，走上了一段"回炉再造"的旅程。博士学位论文写作过程中，无数次面临"这在实践中能有多大意义"的自我质疑，深切感受到用科学严谨的理论一以贯之地解释实践问题之不易。来到长春理工大学法学院工作后，在宽松而友爱的工作氛围下，本书得以在博士论文的基础上修改、完善并最终成型。纵然最终成文难免有诸多粗浅、鄙陋之处，但尝试从实务走向科研的"转轨"过程，让我沉淀了些许底气。

在我国当代民法理论及司法实践中，货币"占有即所有"规则及存款货币债权说根深蒂固，反思之作亦多局限于围绕存款货币是否"特定化"的标准构建流转规则，少有研究触及对存款人债权通说的检讨，因而在论证逻辑上存在力有不逮之处。然而，要想使存款人物权说获得融贯解释，就必须要突破所有权客体有体性及绝对所有权观念的限制，合理解释相对所有权的构造与实证法基础也是极具挑战性的问题。上述理论任务的艰巨性以及过往的实务经历，令我常常陷于一种理论与实践价值的撕裂中：就理论研究而言，无论是立法论还是解释论都是过程导向，力求以严密逻辑在论证或结论上实现推陈出新、贡献"知识增量"；而司法实践则更加侧重结果导向，强调主流通说、因循先例，以确保判决结果有尽可能充分的现行法及理论支持。此种价值导向上的不同，必然导致评价标准的不同。学术研究的意义，不在于成为唯一的正确答案，相反，有可能是推翻看似正确的答案，提供更多的思考可能性。而司法实践，必须在众多看起来都有道理的观点中，选择一个最能为司法受众所能接受的"正确"观点，"稳"是第一位的。正视理论与实践的区别，让我终于放下了研究结论到底有多大可能成为实践通行做法的担忧。

　　任何工作都有反复性，而科研工作的反复性和无期限性，更容易让人产生如过山车般的情感体验，兴高采烈、停滞不前、自我怀疑、重新建设，这些情绪反反复复伴随整个研究过程。著名意大利物理学家卡洛·罗伟利在他的畅销书《现实不似你所见》中形象地描绘了科学工作者探索未知世界的旅程，"我们都处在洞穴的深处，被自身的无知与偏见束缚，有限的感官呈现给我们的只有影子。科学就是对思维方式的不断探索，其力量在于用想象力推翻预设的观念，揭示实在的新面向，建立更新更有效的世界图景"。"我们不完整与不确切的知识，飘摇在未知的无尽深渊之上，反而使其有趣且弥足珍贵。"科研工作更像是一种冒险，但改变势在必行，而锚定方向后的自我确信更是弥足珍贵。至此，本书的结论能否经得起实践考验似乎并没有那么重要了，因为探索本身就是一种意义。在这探索真理的过程中，唯有信念坚定、锲而不舍才能久久见功。

感谢我的导师房绍坤教授和师母袁红玉女士。房老师博学、功深，睿智、宽厚，但并未因我愚钝、平庸而拒之门外，反而经常给予我肯定，在为人、为学、做事方面言传身教，让我在宽松、自由、友爱的师门氛围中有机会以放松的姿态开展感兴趣的研究。每次自我否定或被他人否定后，都能得到老师积极的鼓励，这给了我无穷的力量。老师身为长江学者、国家名师，对学生的关心和辛勤付出却丝毫不减。难以忘记，在 2023 年春节期间，老师大年初三就通篇阅读我的博士论文，并提出了详细的修改意见。老师治学严谨、关爱学生、崇德向善，是我们成长路上的指明灯。师母温柔而坚定，既是老师的贤内助，也是我们的人生导师，和老师一起教导我们为人处事。师母给予了我们太阳般的温暖和灯塔似的指引，从她身上，我们能充分地领略到女性的知性美和真善美。感谢吉林大学曹险峰、管洪彦、王艳梅教授，大连海事大学孙良国教授，诸位老师在论文选题、文章结构安排方面的适时点拨，使得我免走许多弯路，减轻了研究压力和成本。感谢烟台大学王洪平教授，王老师为人通透豁达，为学严谨扎实，为事机敏而时中，王老师的殷切期望和谆谆教诲是我成长之路的精神给养。

感谢我的父母，生我、养我、供我读书。感谢我的先生，两人互为支撑、共同成长，是现实，也是幸福的愿景。感谢我的儿子，他就像我生命中的天使，是我疗愈伤痛、向阳而生的勇气。感谢我的姐妹乐姐、华姐、明辉，助我排解各路忧愁。我还要特别感谢泰安市中级人民法院张海鹏院长和陈峰庭长，他们在我于泰安市中级人民法院研究室和民二庭工作期间，给予了我莫大的支持和鼓励。最后，我要特别感谢长春理工大学法学院院长张闯教授，张院长有着干事创业的魄力和虚怀若谷的胸襟，带领学院在和谐友善的氛围下锐意进取，本书能够顺利付梓，离不开张院长的关心和大力支持。

一路走来，有太多人和事需要去感谢，也感谢时光让所经历的都成为阅历。最后以古人的一首诗偈结尾，愿大家都能寻得内心的安宁。

《咏梅花》

尽日寻春不见春，芒鞋踏破岭头云。归来笑捻梅花嗅，春在枝头已十分。